INHALTSVERZEI  KW-481-961

ZUM GELEIT

Vorwort zur siebenten Auflage:

Am 14. April 1966 sind es nun zehn Jahre her, daß der Bundeswart des Westdeutschen Jungmännerbundes und Jugendpfarrer von Westfalen, Johannes Busch, seinen Verletzungen erlag, die er auf einer Evangelisationsreise nach Trier erlitt. Er war ein Mann auf Reisen, für Jesus unterwegs als Botschafter und Verkünder des Evangeliums. Mitten aus diesem Unterwegssein holte ihn Gott heim.

Wenn Gott einen seiner Knechte zur „oberen Schar" beruft, dann meinen die Zurückgebliebenen, das Licht solchen Zeugnisses sei ausgelöscht und die Zeit seines Wirkens vorbei. Wenn man aber Gottes Wort genau nimmt und die lange Erbfolgelinie der Väter im Glauben verfolgt, dann stellt man fest, wie oft gerade nach dem Tode der Botschafter ihr Zeugnis und ihr Wort gewirkt haben. Eine solche Hoffnung allein berechtigt zu diesem Buch.

Johannes Busch war ein begnadeter Redner und Seelsorger. Die STILLEN GESPRÄCHE, die erstmals 1957 veröffentlicht wurden, legen Zeugnis ab von der praktischen Glaubens- und Lebenshilfe, die unzähligen jungen Menschen zum Segen wurden. Wieviele es wirklich waren, die im seelsorglichen Zuspruch Rat und Hilfe erfuhren, können wir nur ahnen.

Seelsorgliche Gespräche sind ein Akzent unserer Verkündigung. Und wenn diese STILLEN GESPRÄCHE, die heute in der 7. Auflage erscheinen, Handreichung zur Seelsorge an jungen Menschen sein können, haben sie ihren Sinn erfüllt.

Die Herausgeber

Wuppertal, im Januar 1966

Johannes Busch

Stille Gespräche

Seelsorge für Mitarbeiter

Aussaat Verlag Neukirchen-Vluyn

ABC**team**

ABCteam-Bücher erscheinen in folgenden Verlagen:
Aussaat- und Schriftenmissions-Verlag Neukirchen-Vluyn
R. Brockhaus Verlag Wuppertal
Brunnen Verlag Gießen (und Brunnquell Verlag)
Christliches Verlagshaus Stuttgart (und Evangelischer
Missionsverlag)
Oncken Verlag Wuppertal und Kassel

16. Auflage 1994
© 1957 Aussaat Verlag GmbH,
Neukirchen-Vluyn
Umschlag: Meussen/Künert, Essen
Druck: Steinbeck-Druck, Sprockhövel
Printed in Germany
ISBN 3-7615-3331-4

Neulich sagte ein Bruder: „Wir haben unter uns Christen viel fleißige Leute, aber so wenig stille Leute." Wir alle, die wir den Satz hörten, spürten, daß da auf einmal die entscheidende Not unserer Arbeit angerührt war. Darum also so viel Müdigkeit, darum aber auch so viel krampfhafte Aktivität, bei der im Grunde gar nichts herauskommt. Darum auch diese Hurra-Bekehrungen, die mit dem stillen, verborgenen Leben mit Christo in Gott nichts zu tun haben. Mehr stille Leute! Das heißt ganz praktisch: Du und ich, wir brauchen unsere stille Stunde.

1. Warum ist das notwendig?

Ich bin glücklicher Vater über eine Schar Kinder. Wenn ich von meinen Reisen zurückkehre und mit meinen Jungen und Mädeln zusammen bin, dann ist das das Schönste, was ich hier auf Erden erleben darf. Nun stelle ich mir einmal vor, ich käme nach Hause, und meine Söhne und Töchter sprächen nicht mehr mit mir. Verstehst du, sie wären anständig, aber reden würden sie nicht mehr mit mir. Sie würden auch nicht hinhören, wenn ich etwas sage. Da könnten diese Kinder noch so hochachtungsvoll von mir sprechen, es wäre doch eins deutlich, daß zwischen ihnen und mir hoffnungslos etwas zerbrochen ist. Darum sage ich euch: Ihr könnt noch soviel christliche Programme haben und fromme Stunden und Vorträge bei euch halten, wenn ihr nicht persönlich mit dem Vater redet und nicht Zeit habt, zu hören, was Er euch zu sagen hat, dann ist zwischen Gott und euch etwas zerbrochen. Ich habe so Angst, es könnte ein Bann über all unserem Dienst liegen, weil ein Mitarbeiter im Unfrieden mit Gott ist. Ihr meint es alle so ernst und redlich, aber es sind so viele unter uns, die nicht persönlich mit Gott reden. Was wäre das für eine furchtbare Sache, wenn da die Gemeinde Jesu in fleißiger Arbeit stünde, aber im Licht der Ewigkeit käme es heraus, daß das Entscheidende zwischen Gott und uns eben doch zerbrochen ist. Alles Leben fängt damit an, daß wir beten können. Es gilt der unerhörte Satz: Alle fruchtbare Aktivität fängt zunächst einmal mit völliger Stille an. Da, wo einer ganz in diese Stille hineingeht, um zu hören, was Gott ihm sagt, da geschieht das Wichtigste und Größte, was nur je passieren kann.

2. Die Not solcher Stille

Hast du das schon einmal beobachtet: Der Teufel, dieser raffinierte Feind Gottes, erlaubt uns allerlei. Er erlaubt uns sogar, jahrelang mit fröhlichem Getümmel in einer Jungmännerarbeit zu sein. Das regt den Teufel noch nicht sehr viel auf. Dadurch sind seine Interessen noch nicht entscheidend gestört; aber wenn ein junger Mann anfängt, die Bibel zu lesen und zu beten, dann wird der Teufel nervös. Und darum tut er alles, dich in deiner persönlichen Stille vor Gott zu stören. Das mußt du von vornherein wissen: Es geht hier um den Punkt, der unter dem vollen Beschuß der Hölle steht.

Ich spüre die Nöte und Anfechtungen der stillen Stunde in drei Richtungen:

a) Äußere Störungen. Es ist ja manchmal zum Verzweifeln, daß wir zu allem Zeit finden, nur nicht zum Beten. Was geschieht im Lauf eines Tages! Aber zehn Minuten zur Stille mit Gott sind nicht herauszufinden.

Dazu gesellt sich die Raumnot. Wie viele haben einfach keinen stillen Platz, an dem sie allein mit Gott sein können. Du mußt schon recht suchen und ringen, daß du nur irgendwo ein Plätzlein findest, an dem dir Gott begegnen kann.

b) Innere Nöte. An diesem Punkt erlebe ich täglich den leibhaftigen Satan. Wie sehne ich mich jeden Tag nach der Stille, und dann tut Satan alles, um mich nur ja nicht zur Stille kommen zu lassen. Wenn ich irgendwie mich zu diesem stillen Besinnen zurückziehen will, dann kommen bestimmt Menschen herein, die mich stören. Und wenn ich allein bin, dann fallen mir so viel Dinge ein, an die ich sonst gar nicht denke. Wie ist mir jenes Liedverslein so wichtig geworden: „... daß die Seele nicht zerrinne in den Bildern dieser Welt!" An jedem Morgen findet bei dir und bei mir die Entscheidungsschlacht statt, ob ich durch dieses Sperrfeuer Satans durchbrechen kann, um ganz still zu werden vor dem, der überwältigend in der Stille segnen will. „Nur an einer stillen Stelle legt Gott seinen Anker an."

c) Habt ihr es noch nicht erlebt, daß gerade dann, wenn wir in solcher Stille gestanden haben, besondere Anfechtungen auf uns zukommen? Wie mancher junge Mann ist fast mitten aus gesegneter Stille heraus in besondere Kämpfe um die Reinheit des Herzens geworfen worden.

Man muß den Feind sehen, um sich vom Herrn rüsten zu lassen. Wenn dem Satan so viel daran liegt, dich nicht zur Stille kommen zu lassen, dann muß wohl für unser persönliches Glaubensleben unendlich viel davon abhängen.

3. Die Verheißung solcher Stille

Jetzt möchte ich am liebsten mit euch Gottes Wort durchgehen. Wir würden uns dabei vorkommen, als würde uns eine Schatzkammer aufgeschlossen, in der uns unübersehbare Schätze angeboten werden: „Was kein Auge gesehen und kein Ohr gehört hat und in keines Menschen Herz gekommen ist, das hat Gott bereitet denen, die ihn lieben."

Mir sind alle diese Verheißungen in einer Tatsache zusammengeschlossen: Stille Stunde halten heißt, Audienz beim König haben. Mir ist das so wichtig, daß wir das unerhörte Angebot, das über solcher Stille liegt, voll und ganz begreifen. Es geht nicht um ein stilles Gespräch mit dir selbst. Es geht auch nicht um ein Hineinhorchen in dein eigenes Herz. Du darfst vor dem König stehen. Glaubst du, daß wir einen lebendigen Heiland haben?

Wem das einmal aufgegangen ist, der möchte Tränen weinen, daß der König aller Ehren, der Herr aller Macht und aller Barmherzigkeit auf ein persönliches Gespräch mit uns wartet. Und wir Narren haben Zeit für jedes dumme Straßengeschwätz, aber lassen den König stehen und reden nicht mit Ihm.

Was sollen wir da noch sorgen und zagen, zweifeln oder fallen, wenn wir täglich mit dem König Jesus reden dürfen!

4. Gute Ratschläge

a) Du mußt eine feste Ordnung in dieser Sache haben. Gott ist auch an dieser Stelle ein Gott der Ordnung. Du darfst deine stille Stunde nicht von deinen Stimmungen abhängig machen. Ich begegne immer wieder jungen Leuten, die sagen, daß es sie in letzter Zeit gar nicht dazu getrieben hätte, in die Stille zu gehen. Wenn wir diesen faulen Trieben unseres trägen Herzens nachgeben, dann wird es bald überhaupt kein Gespräch mehr zwischen Jesus und uns geben.

Feste Ordnungen! Mache doch in deinem eigenen Leben den Bund fest, daß du morgens deine Schlafkammer nicht verläßt, ohne mit Jesus geredet zu haben. Schließ es in den Bund mit ein, daß du abends vor deinem Bett noch auf die Knie gehst.

b) Auf die Knie gehen? Auf äußere Formen kommt es nicht an. Darauf sieht der Herr nicht. Ich bezeuge dir aber gern, daß ein Segen darin liegt, wenn auch deine äußere Haltung dich ganz auf den Herrn hin sammelt; und vor dem König, dessen Untertan ich werden durfte, knie ich am liebsten. Wie du nun auch betest, gewöhne dir auch im Äußeren heilige Zucht an.

c) Auch die stille Stunde sollte eine gewisse Ordnung haben. Zunächst bitte Gott um ganze Sammlung der Sinne und um seine Gegenwart im Heiligen Geist. Dann schlage deine Bibel auf und laß den König zu dir sprechen. Rede Ihm doch nicht so schnell dazwischen, sondern laß wirklich das Wort zu dir sprechen, und dann darfst du ihm in herzlichem und kindlichem Gebet antworten.

5. Wir dürfen antworten

Ach, wenn wir es doch wirklich tun wollten! Wie ist unser Beten oft ein so armseliges und dünnes Geplätscher. Weißt du, daß du jetzt mit Gott redest? Nein, es kommt wirklich nicht auf die schöne Form an. Du kannst reden, wie es dir ums Herz ist; aber das solltest du wirklich tun. Hier bist du doch an dem Platz, wo du gar nichts mehr zu verstecken brauchst. Was du keinem Menschen sagen kannst, das breite doch dem Herrn aus. Deine verborgensten Nöte darfst du Ihm ins Ohr hineinsagen.

Ich möchte es auch immer mehr lernen, die ganze Fülle des Betens in meinem Gespräch mit Jesus zu erfahren: Anbetung und Dank, Bitte und Fürbitte, Beichte und Beugung, vor allem aber auch: Befehlsempfang! Unser Heiland sagt einmal: „Nehmet auf euch mein Joch." Uns fällt es nicht leicht, das Joch Jesu zu tragen, aber in der Stille des Gebetes geschieht es. Da hilft Er uns, unseren eigenen, trotzigen, bösen Willen durchzustreichen. Da dürfen wir uns hineinbeten in seinen heiligen, göttlichen Willen. O gesegnete Stille vor Jesu Angesicht!

GEHÖRT DIE BIBEL DIR?

Es gibt ein Geheimnis, das man nicht ungestraft mißachtet: Boten Gottes haben nie ihre Vollmacht aus sich selbst. Sie gewinnen auch nichts durch eigene Geschicklichkeit. Sie haben ihre Kraft ganz allein daher, daß sie in Verbindung mit Gottes Wort stehen. Damit wird das, was wir hier besprechen wollen, zu einer ganz persönlichen Frage. Ich will jetzt nicht mit dir über die Bibel diskutieren, sondern ich möchte mit dir ein stilles Gespräch darüber führen, ob deine Bibel wirklich dir persönlich gehört. Du kannst dich darauf verlassen, daß an dieser Frage nicht nur dein eigenes Schicksal entschieden wird, sondern daß hiervon nun wirklich abhängt, ob du im Segen etwas ausrichten kannst oder nicht.

In meinem Elternhaus hatten wir fast täglich Besuch. Viele von den Männern, die da an unserem Tisch saßen, habe ich wieder vergessen; aber einzelne haben mir einen bleibenden Eindruck für mein Leben mitgegeben. Da war z. B. jener originelle Pfarrer, der uns vor allem deswegen interessierte, weil er auf seinem schneeweißen, vollen Haar keinen Hut trug und morgens wie ein Jüngling im Garten Freiübungen machte. Als er einmal seinen schwarzen Rock etwas beiseite schob, sah ich mit Staunen, daß er ein kleines Ledertäschlein am Gürtel mit sich trug. Schüchtern und doch so neugierig drängte ich heran und fragte ihn, was er denn da habe. „Mein Junge, das ist meine Patronentasche." Ganz aufgeregt stürzte ich zu den Geschwistern, um die Neuigkeit weiterzusagen: „Er hat sogar eine Patronentasche." Zu gern hätte ich in diese Patronentasche einmal hineingesehen. Ich vergesse nicht meine Bestürzung, als dieser Mann am Abend seine Patronentasche aufmachte und eine kleine Bibel herauszog. Darum also war er ein so streitbarer und wackerer Zeuge Jesu, weil ihm die Bibel nicht ein langweiliges, vergessenes Buch war, sondern eine Waffe, mit der in allen Fällen scharf geschossen wird.

Ich habe damals zum erstenmal begriffen, warum der Apostel Paulus in Epheser 6 so ernst davon redet, daß Christenmenschen gerüstet sein müssen. Paulus hat wohl gewußt, warum er unter den Waffen, die Jünger Jesu tragen sollen, eine mit besonderem Nachdruck nennt: „Nehmet das Schwert des Geistes, welches ist das Wort Gottes." Ich fürchte, wir Christen sind weithin ein entwaffnetes Heer, das eben darum, weil es keine Waffen mehr hat, keine Schlachten mehr schlagen kann und wehrlos dem Feind ausgeliefert ist. Nur wer im Wort Gottes lebt und persönliche Verbindung mit seiner Bibel hat, kann etwas ausrichten.

1. Warum ist die Bibel so wichtig?

Hast du einmal den Draht einer Hochspannungsleitung aus der Nähe gesehen? Dieser Draht sieht so harmlos aus wie jeder andere Kupferdraht. Und doch weiß jeder, daß dann, wenn ich mit ihm in Berührung komme, ich in die Gewalt eines Kraftstroms komme, der mich zu Boden schlägt. Vielleicht ist der Draht schon schwarz und schmutzig geworden, weil er so lange da hängt. Die Vögel haben ihn verdreckt. Und doch fließt der Kraftstrom unaufhaltsam hindurch. Grade so ist es mit der Bibel. Die sieht zunächst aus wie jedes andere harmlose Buch. Es ist gar kein Kunststück, sie um ihrer unansehnlichen Gestalt willen lächelnd beiseite zu schieben. Aber es ist eine unverzeihliche Torheit, an ihr vorüberzugehen. Das hat noch jeder erlebt, der ernsthaft mit der Bibel in Berührung kam, daß hier ein Kraftstrom fließt, der unser ganzes Leben packt und neu gestaltet. Es hat dem lebendigen und heiligen Gott gefallen, in diesem Buch mit uns zu reden.

Ich wollte nur, wir lernten noch einmal darüber staunen, daß es so etwas gibt. Das ist doch nicht selbstverständlich! Man redet wohl sehr viel in dieser Welt von Gott; aber es muß wohl dabei bleiben, daß seit jenem furchtbaren Ungehorsam, seit den Tagen der Revolution der Menschen gegen den Herrn der Welt dieser heilige Gott verborgen und verhüllt ist. Es ist einfach nicht wahr, daß wir Ihn in uns selbst oder in der Natur sehen und erfahren können. Es gibt nur eine Stelle, an der dieser verborgene Gott sich noch einmal enthüllt. Wo ein demütiges und verzagtes Herz in die Bibel hineinhorcht, da geht der Vorhang auf, und Gott selber ist da. Verstehst du nun, warum alles, schlechterdings alles, davon abhängt, daß wir vor diesem geöffneten Vorhang stehen? Im Namen Gottes arbeiten und doch die Bibel verschlossen lassen heißt, an der Front liegen, während der Feind den Nachschub abgeschnitten hat. Wie viel vertrocknete und darum so ohnmächtige und fruchtlose Mitarbeiter gibt es unter uns! Nur was dir der Herr aus seinem Wort deutlich gemacht hat, kannst du anderen weitergeben. Wem Gott aus seinem Wort nichts mehr geben kann, der verspricht Dinge, die er selbst überhaupt nicht in Händen hat.

2. Gefahren unseres Bibellesens

a) Die schlimmste Gefahr ist die, daß wir die Bibel überhaupt nicht mehr lesen. Vielleicht hast du es noch nie gelernt. Vielleicht war es dir immer unheimlich, einmal ganz allein zu sein mit Gottes Wort. Oder gehörst du auch zu der Schar derer, die seit Jahren mit immer neuen Anläufen den Weg in die Bibel suchen und dann doch nicht weiterkommen. Wir sollten einmal darüber nachdenken: Was muß doch Satan für eine Angst davor haben, daß ich die Bibel lese, wenn er mich den ganzen Tag hindurch geradezu verfolgt, um mich nur ja nicht zu der Stille mit Gott kommen zu lassen.

b) Aber vielleicht hast du deine Morgenwache. Sofort umdroht mich die zweite Gefahr. Mein Bibellesen kann so zur Gewohnheit werden, daß davon überhaupt nichts in mein Tagewerk hineinfließt. O dies schematische Bibellesen! Wir erfüllen noch die Pflicht, morgens nach unserer Bibel zu greifen; aber schon nach 10 Minuten wissen wir nicht mehr, was uns eigentlich diese Bibellese hatte sagen wollen. Weißt du noch die Losung von heute morgen? Da kapselt uns der Satan unser Bibellesen so kräftig ab, daß wir nun trotz allen Bibellesens doch die Ungesegneten bleiben.

Ja, es kommt dann soweit, daß ich auf einmal mit Entsetzen merke, daß ich die Bibel vor mir habe und Gott redet nicht mehr mit mir. Das ist ein Krankheitszustand, an dem man sterben kann. Darum hin zum Arzt; hin zu Jesus und sage Ihm, daß du Ihn so gern wieder hören möchtest.

c) Alle, die irgendwie im Dienste Jesu stehen, sind in einer besonderen Gefahr. Wir müssen so viel für andere sorgen. Darum vergessen wir die Sorge um unsere eigene Seligkeit. Wir lesen das Wort und hören es schon gleich für andere. Ich habe einmal ganz offen vor Brüdern diese Not bekannt, daß es mir immer wieder passiert: Wenn mich ein Text anpacken will, dann kommt schon gleich der Gedanke, daß dies eine schöne Predigt wäre, und im Geist stehen vor mir drei Punkte, die ich darüber sagen möchte. Schauerlicher Zustand, wo es einem geht wie einem Friseur, der allen die Haare schneidet, nur an sich selbst kann er das nicht tun. Vergeßt beim Bibellesen einmal alles andere und stellt euch der einen Frage: Kann Gott noch mit euch persönlich reden?

d) Wie viele stehen heute unter einer besonderen Not: Ich ärgere mich an dem, was da steht. Da haben sie dir so viel von Widersprüchen in der Bibel erzählt, daß du schon gar nicht mehr richtig lesen kannst. Da springt dir aus so vielen Worten der Zweifel entgegen. Da stehen Dinge, die du gar nicht verstehst. Und schließlich legt man enttäuscht die Bibel wieder weg.

Die Bibel ist wie ein großes Bergwerk, das kannst du nicht auf einmal leer machen. Du mußt Tag um Tag in den Stollen graben und glücklich sein für das, was Gott dir schenkt. Was du noch nicht verstehst oder was dir Not macht, das laß zunächst ruhig einmal liegen. Frage lieber danach, was dir Gott schon deutlich gemacht hat und was du am heutigen Tage als persönliche Weisung deines Herrn mitnehmen kannst. Ein Student schrieb einmal seiner Mutter: „Ich habe keine Freude mehr an der Bibel. Mit ihren Widersprüchen und Unbegreiflichkeiten ist sie für einen modernen Menschen doch reichlich ungenießbar." Die Mutter antwortete ihm: „Junge, du liest die Bibel verkehrt. Weißt du noch, wie du einmal zwei Jahre im Feld warst ohne Urlaub? Ich schrieb dir regelmäßig von den Ereignissen zu Hause. Da kam eines Tages ein Brief von dir, darin stand: ‚Ich höre von Lebensmittelkarten und Schlangestehen, von allerlei Dingen, die ich nicht kenne. Hat sich denn alles so verändert? Wie lange bin ich von euch weg, daß ich eure Briefe nicht mehr verstehe!' Da hast du nicht geschrieben: Die Briefe meiner Mutter sind für einen modernen Menschen ungenießbar; es steht Unbegreifliches darin. Die Bibel ist auch ein Brief, ein Brief Gottes aus der ewigen Heimat an dich. Wenn du diesen Brief nicht mehr verstehen kannst, darfst du die Schuld nie auf den Brief schieben, sondern mußt denken: Wie weit bin ich von meinem himmlischen Vater weggekommen, daß ich seine Briefe nicht mehr verstehe!"

a) **W i e** soll ich die Bibel lesen? Nicht wie ein Zuschauer, sondern wie einer, der weiß: Hier spricht Gott mit einem armen Menschen. Hier redet der Vater mit seinem Kind. Hier höre ich in der Fremde die Stimme der Heimat. Hier nimmt der Hirte mich persönlich an die Hand, um mich einen Schritt weiterzuführen.

b) **W a n n** soll ich die Bibel lesen? Wenn ein Mensch seinem Leib nicht mehr regelmäßig die Nahrung zuführte und etwa auf den Gedanken käme, tagelang nicht mehr zu essen, dann würde er sehr bald untüchtig, krank und hätte wohl kein langes Leben. So braucht auch dein Glaube gesegnete, feste Gewohnheiten. Das sind keine Redensarten, sondern Lebensnotwendigkeiten. Kein Tag ohne Gottes Wort.

c) **E s g i b t e i n e d r e i f a c h e W e i s e , d i e B i b e l z u l e s e n ,** und du brauchst alle drei Arten. Wenn ein Wanderer durstig und müde seinen Weg geht, dann ist es ihm eine Erquickung, wenn er eben schnell aus seiner Feldflasche einen Schluck nehmen darf. So brauchst du immer wieder den Trunk frischen Wassers aus ewigen Quellen. Darum ist mir das Losungsbüchlein der Brüdergemeine so lieb. Das ist meine Feldflasche auf dem Weg zum ewigen Leben. Darum stärkt es mich, wenn ich zwischendrin schnell ein Wort Gottes lese, weil ich dann wieder fröhlich weiterwandern kann.

Aber aus der Feldflasche kann man auf die Dauer nicht leben. Darum brauchst du die zweite Art des Bibellesens, daß du dir einen Abschnitt ganz gründlich vornimmst. Was versteht man unter gründlich? Nimm dir Zeit und frage dich bei jedem Satz, ob du verstanden hast, was da steht. Frage dich besonders bei den so gängigen und geläufigen Ausdrücken. Weißt du eigentlich, was „Sünde" ist und was die Bibel unter „Glaube" versteht? Das sind wahre Festmahle des Glaubens, wenn sich ein Mensch in der Stille vom Heiligen Geist das Wort aufschließen läßt.

Nun tue aber auch ein Drittes. Meine Mutter sagte so gern: Ihr müßt die Bibel „verschlingend" lesen. Als Paulus an die Philipper und an die Römer schrieb, da gab es noch keine Kapitel- und Verseinteilung, und ich glaube schon, daß jene Gemeinden an dem Brief ihres Apostels so froh waren, daß sie ihn in einem Zuge durchlasen. Lies doch einmal, wenn es möglich ist, ganze Bücher der Bibel hintereinander laut durch. Da gehen dir Zusammenhänge auf, daß du staunen wirst.

4. Die wichtigste Frage

Bei meinem Bibellesen bleibt die wichtigste Frage: Was hat mein Herr mir heute zu sagen?
Mein Herr! Mir! Heute!

HAST DU AUCH SCHWACHE STUNDEN, BRUDER?

Vor mir liegt ein Brief, in dem mir ein Jungenschaftsleiter aus seiner Arbeit berichtet. Unter anderem heißt es da: „Der N. N., der auch mit in X. war, und der noch mit Ihnen gesprochen hat, hat Gott gekündigt. Er sagte mir, daß er an einen ohnmächtigen Gott, der seine Ohnmacht wiederholt an ihm, dem Jungen, bewiesen habe, nicht glauben könne. Ist das nicht traurig?" O freilich ist das traurig. Ich sehe den frischen, fröhlichen Burschen noch vor mir, als wir an jenem Abend zusammen sprachen. Damals sprachen wir davon, wie Jesus ein Leben erneuern könne, und zum Schluß haben wir so herzlich zusammen gebetet. Und dann — ja, dann kam wohl eine schwache Stunde. Und diese schwache Stunde führte in solche Tiefen hinein, aus denen der Junge nicht mehr herausfand, und dem Teufel war schließlich ein Volltreffer gelungen. Armer Junge, wir lassen dich trotzdem nicht los, weil Jesus dich auch nicht losläßt.

Aber das gibt es auf dem Weg mit Jesus. Ist denn einer unter uns, der das nicht kennt? Wir wissen um die Freude, mit unserem Herrn über Höhenwege zu gehen. Aber wie dunkle Flecken liegen auf unseren Erinnerungen dann schwache Stunden der Niedrigkeit, voll Anfechtung und Straucheln. Die Sache ist darum so gefährlich, weil wir da jedesmal in einen Strudel hineingezogen werden, bei dem man nie weiß, ob er uns nicht endgültig verschlingt. Wir sollten uns doch einmal über diese gefährlichen Stunden aussprechen.

1. Was ist das mit den schwachen Stunden?

Im Buch Hiob wird uns eine ganz merkwürdige Sache berichtet. Da erscheint im Thronsaal Gottes der altböse Feind, Satan selbst. In dem Zwiegespräch zwischen Gott und diesem Widersacher fällt die merkwürdige Frage: „Hast du nicht achtgehabt auf meinen Knecht Hiob?" Das ist eine ernste Sache, die hier ans Tageslicht kommt. Satan achtet auf die Knechte Gottes.

Die hat er ganz besonders im Auge. Das ist ja auch gar nicht verwunderlich, die Laumänner interessieren ihn nicht; die sind doch seine sichere Beute. Aber die Knechte Gottes, die Mitarbeiter Jesu, die ärgern ihn, auf die richtet er all sein Augenmerk. Das sollten wir nie vergessen, daß alle die, die es im Dienst mit Jesus wagen, unter ganz besonderer Beobachtung und unter höllischen Angriffen Satans stehen. Wundert es euch, daß Jünger darum so sehr mit ihren schwachen Stunden zu kämpfen haben?

Satan hat da mancherlei Einfallstore. Ich möchte mit euch über drei besonders gefährliche Arten von schwachen Stunden sprechen.

a) D e r G l a u b e w a n k t. In einem Leben mit Jesus sind alle natürlichen Gesetze wie auf den Kopf gestellt. Mag es sonst im Leben heißen, daß aller Anfang schwer sei, im Christenstand geht es umgekehrt. Aller Anfang ist leicht. Das waren einmal selige Stunden, als uns das Licht unseres Herrn aufging. Das ganze Leben war durchströmt von einer unsagbaren Freude, als wir die Hand des Heilands ergriffen. Aber jetzt bricht die eigentliche Schwierigkeit erst an. Da breitet sich über unser junges Glaubensleben eine seltsame Ernüchterung. Wir spüren auf einmal, daß sich unser altes Fleisch und Blut regt. Es enttäuscht uns etwas, daß nun doch nicht alles so vorwärtsgeht, wie wir es uns gedacht haben. Da beginnen die schwachen Stunden.

Kennst du nicht die Stunden besonderer Müdigkeit? Vielleicht kennen wir uns selbst gar nicht mehr. Wir hatten doch einmal Lust, die Bibel zu lesen und zu beten. Wir gingen doch einmal gern zur Bibelstunde. Es hat uns gefreut, als wir einen Dienst übernehmen durften. Auf einmal ist da nur noch Müdigkeit. Und weil wir das alles nicht mehr mit Lust und Freudigkeit tun, sondern aus einem müden Zwang heraus, wird alles nur noch viel schlimmer. O, diese böse, schwache Stunde voller Müdigkeit! Wie viele, die einmal tapfer mit Jesus begonnen haben, sind an dem Punkt auf der Strecke geblieben!

Kennst du die schwache Stunde des Zweifels? Ich denke jetzt nicht so sehr daran, daß uns vielleicht einzelne Glaubenssätze noch unklar sind. Das ist nicht schlimm. Solange man fröhlich mit Jesus wandert, wächst man auch von einer Klarheit zur anderen. Was uns heute noch verborgen ist, treibt uns nur vorwärts auf dem Weg, damit wir immer kräftiger in die Wahrheit unseres Gottes hineinwachsen. Nein, es gibt einen anderen Zweifel, der ist so tückisch, als ob uns beim Radfahren ein Knüppel in die Speichen geworfen würde. Man liegt dann plötzlich am Boden, und alles, alles ist ungewiß geworden. Ich sehe noch jenen tüchtigen Mitarbeiter vor mir, der einmal ganz gequält bekannte, er habe Stunden, in denen ihm das Ganze, nicht einzelne Glaubensdinge, sondern wirklich das Ganze des Christenglaubens, völlig ungewiß sei. Was sind das für Nächte, in denen der Glaube wankt und durch und durch zerbrechen will!

Da saß bei einer Tagung einer zwischen uns, dessen klare Bekehrung ich vor längerer Zeit miterleben durfte. Da saß er während all der drei Tage bleich und verstört. Als ich ihn abends fragte, was denn mit ihm los sei, stöhnte er nur: „Es ist alles weg; es ist nichts mehr da von dem, was ich mit Jesus erlebt habe." Sind solche unter uns, die von solcher schwachen Stunde angefochten sind?

b) Die Sünde gewinnt. Wie ist denn das? Wir waren der Vergebung unserer Sünden so froh. Es war eine so herrliche Sache, als uns Jesus die Last einer dunklen Vergangenheit abnahm. Wir spürten es doch, daß hier alte Sündenketten zerbrochen waren, und plötzlich wacht die alte Sünde wieder auf. Es ist mir eindrücklich, daß ich in den vergangenen Wochen zweimal von jungen Brüdern, die auf dem Wege mit Jesus waren, das todestraurige Wort hörte: „Und Jesus kann ja auch nicht helfen." Wir hatten geglaubt, die Sünde abzuwerfen, wie man ein altes Kleid ablegt; aber auf einmal kommt es heraus, daß der Kampf geblieben ist.

Wer ermißt die Qual der Gedanken? Man sieht uns nicht mehr auf den Wegen der Sünde; aber jetzt wirft Satan seine Netze über uns durch das unheimliche Spiel unserer Gedanken. Wenn wir doch die schmutzigen Gedanken loswürden! Wieviel schwache Stunden lähmen uns völlig, nur weil wir über unsere Gedanken nicht mehr Herr sind!

Hier müssen wir auf etwas ganz Besonderes achten. Ihr wißt darum, daß der König David eine sehr dunkle, schwache Stunde hatte. Die ganze Geschichte ist so erschütternd, daß man mit dem David nur weinen möchte. Aber achte doch darauf: Wie fing die schwache Stunde an? Da lag das Volk Gottes in Kampf und Krieg um die Ehre seines Herrn. Und da steht dann das Sätzchen: „David aber blieb zu Jerusalem." Während die Gemeinde des Herrn im Kampf lag, hatte er es sich gemütlich gemacht. Wir glauben gar nicht, wie gerade die ruhigen und gemütlichen Zeiten uns zur schwachen Stunde werden können. Von David lernen wir es: Als er sich aus dem Kampf zurückzog und gemütliche und friedliche Ruhestündchen suchte, da war seine schwache Stunde angebrochen. Alles andere, was dann kommt, ist nur noch Folge und bittere Frucht jener wirklich schwachen Stunde im Leben eines königlichen Mannes. Wacht doch besonders über die Stunden, die scheinbar so friedevoll und gemütlich sind! Wie ist da der altböse Feind auf dem Plan!

c) Die Freudigkeit bricht. Das ist die gefährlichste Waffe bei den satanischen Angriffen, denen wir ausgesetzt sind, daß sich über uns je und je eine tiefe, unerklärliche Niedergeschlagenheit ausbreitet. Wir wußten es doch einmal, daß die Freude am Herrn unsere Stärke ist. Und dennoch sind da Stunden, ja manchmal Tage, in denen wir so niedergeschlagen, so entsetzlich am Boden sind, daß von der Freude am Herrn keine Spur mehr vorhanden ist.

Es tröstet mich, daß uns von einem der ganz Großen im Reiche Gottes, von Elia, berichtet wird, daß er eines Tages unter einem Wacholderstrauch lag und aus seinem gequälten Herzen heraus nur noch stöhnen konnte: „Es ist genug; so nimm nun, Herr, meine Seele! Ich bin nicht besser denn meine Väter" (1. Kön. 19, 4). Weißt du nicht um solche Elias-Traurigkeit?

Es ist lehrreich für uns, daß Elia jene Stunden ausgerechnet nach einem seiner größten Siegestage hatte. Es geht uns ja ganz genau so, daß uns mitten in der Fülle der Arbeit diese unsagbare Traurigkeit überfällt, daß wir am liebsten aufschreien möchten: „Es hat doch alles keinen Zweck! Es ist ja völlig sinnlos, daß ich mich abschufte und abquäle. Es kommt ja nichts, nichts, nichts dabei heraus!" Kennst du das nicht?

Da spüren wir seit Jahren Widerstände, mit denen wir einfach nicht fertigwerden. Warum machen uns eigentlich die Christen am meisten Not und die größten Schwierigkeiten?

Oder quält dich die Erfolglosigkeit? Ich sehe euch im Geiste vor mir, ihr treuen, tapferen Mitarbeiter, die ihr euch seit Jahren an eurem Platz sorgt und einsetzt. Aber es ist nichts von irgendeinem Erfolg zu sehen. Gerade die, denen es auf der Seele brennt, der ganzen Welt die frohe Botschaft von Jesus zu sagen, die empfinden es besonders schwer.

Vielleicht hat deine Niedergeschlagenheit auch noch körperliche Gründe. Wir übersehen manchmal die feinen, verborgenen Zusammenhänge zwischen Geist, Seele und Leib. Wie kann sich Schwachheit des Leibes und körperliche Not wie eine Dunkelheit auf unsere Seele legen! Ganz gewiß kann unser Herr unsere Schwachheit dazu benützen, daß seine Kraft uns füllt. Aber das ist ja sein Wunder, wenn er das tut. Paulus erzählt uns in 2. Korinther 12 nicht umsonst, daß ihm sein körperliches Leiden zur Anfechtung des Glaubens geworden ist. Wieviel schwache Stunden der Niedergeschlagenheit hat er wohl um diese Sache gehabt!

Oft ist überhaupt kein Grund zu sehen. Und dennoch kommt diese Niedergeschlagenheit und senkt sich wie ein dunkler, schwerer Vogel auf unsere Seele. Wir wollten den Lauf mit Jesus wagen; aber plötzlich hängen Bleigewichte an uns, daß wir zum nächsten Schrittlein zu schwach sind.

Wie steht es um deine schwache Stunde? Oft nur eine Stunde? Aber sie kann uns die Seele morden.

2. Wie überwinden wir denn unsere schwachen Stunden?

Wir müssen unter allen Umständen damit fertigwerden. Nach schweren Schlachten sind das Erschütterndste die Verlustlisten, die dann veröffentlicht werden müssen. Mir graut es jetzt schon vor den unübersehbaren Verlustlisten, die einmal in der Ewigkeit aufgedeckt werden. Da werden dann all die Namen derer stehen, die ein Opfer ihrer schwachen Stunden wurden. Achtet darauf, daß euch an dieser Stelle tödliche Gefahr umgibt! Laßt mich euch als einer, der selber im Kampf mit seinen schwachen Stunden liegt, ein paar Regeln geben, damit wir uns untereinander Handreichung tun!

a) Wir werden unsere schwachen Stunden nicht ausrotten können. Das gehört zur Wanderschaft durch dieses Leben, daß es solche schwache Stunden geben muß. Es mag wohl so sein,

daß uns Gott daran erinnern muß, daß wir auch im Gnaden-
stand arme Sünder bleiben, die ganz allein aus der Barmherzigkeit ihres Herrn leben. Schwache Stunden werden bleiben; aber
wir können uns darauf rüsten.

b) Markus 6, 30—31 wird uns von der ersten Tätigkeit der
Apostel berichtet. Schon gleich bei jenem ersten Dienst der
Jünger für ihren Herrn wird etwas von der Gefahr alles Dienstes für Jesus deutlich. Die Jünger waren offenbar in einer
ungeheuren Geschäftigkeit. Da kommt der Seelsorger Jesus und
sagt ihnen das Wort: „Ruhet ein wenig!" Man hätte eigentlich
genau das Gegenteil erwarten sollen. Mußte er jetzt nicht seine
Jünger loben und sie zu noch größerem Eifer anspornen? O
nein, der Herr kennt unser Herz und weiß, daß die schwachen
Stunden nie so nah sind als dann, wenn uns die Fülle des
Dienstes für Ihn überfallen will. „Ruhet ein wenig!" Da hat
der treue Arzt Jesus seinen Dienstleuten von Anfang an die
rechte Medizin verschrieben. Man kann nicht für Jesus arbeiten, wenn uns nicht die Zeiten und Stunden heiliger Stille
geschenkt werden. Spurgeon sagt dazu: „Ausruhen ist kein
Zeitverderb. Durch Ruhe sammelt man frische Kraft. Betrachtet
einen Mähder, der vor Sonnenuntergang so viel fertigbringen
muß. Er ruht eine Weile aus. Ist er ein Faulenzer? Er hebt
einen Stein auf und fährt damit an der Sense auf und ab mit
einem kling-klang, kling-klang. Ist das eine Faulheitsmusik?
Verliert er kostbare Augenblicke? Wie viel hätte er inzwischen
mähen können! Aber er schärft sein Gerät und kann nachher
wieder viel mehr arbeiten, wenn er mit ganzer Kraft ausholt
und das Gras in Schwaden niederlegt. So stärkt eine kurze
Ruhe den Geist zu größerer Leistung im Dienste des Herrn."

Gehört haben wir schon viel davon. Der Teufel würde sich
nicht so viel Mühe machen, uns unter allen Umständen die
Stunden der Stille zu verwehren, wenn er nicht genau wüßte,
daß damit die Überwindung unserer schwachen Stunden anfängt. Als Paulus mitten in der unerhört kampfesreichen 3.
Missionsreise war, da lesen wir in Apostelgeschichte 20, daß er
auf einmal alle seine Mitarbeiter wegschickte, um sie erst in
Troas wiederzutreffen. Wie mag er in jenen Tagen im Umgang mit Jesus gewesen sein! Vollmacht und Freudigkeit wachsen immer nur aus den Stunden der Stille, wo ein armer, müde
gewordener Dienstmann Jesu sich in die Arme seines Herrn
wirft, um mit ihm ganz allein zu sein.

c) **Stehst du auf dem Felsen des Heils?** Ich habe immer wieder den Eindruck, daß unsere schwachen Stunden darin ihre verborgene Quelle haben, daß wir keine Klarheit haben in der Gewißheit unseres Heils. Seht, ein Martin Luther hatte auch eine Menge schwacher Stunden, Stunden der Anfechtung; aber es bewegt uns bis zum heutigen Tage, daß er in der tiefsten Finsternis sich von einem Felsen getragen wußte. Auch die dunkelste Nacht konnte das nicht auslöschen, daß Christus für ihn gestorben war. Bist du dessen eigentlich ganz gewiß, daß du ein Eigentum Jesu bist? Wie soll der Glaube in der Stunde der Anfechtung durchhalten, wenn er nicht mit völliger und unverbrüchlicher Gewißheit auf diesen Felsen gebaut ist, von dem Römer 8 berichtet: „**Ich bin gewiß**, daß uns nichts scheiden kann von der Liebe Gottes, die in Christo Jesu ist, unserem Herrn." Dann mögen getrost schwache Stunden über mich kommen, wenn ich nur mit Johannes sprechen darf: „Wir wissen, daß wir vom Tode zum Leben gekommen sind."

Darum habe ich nur einen Rat für dich: Fliehe zu Jesus hin! Je mehr dir ungewiß wurde, je mehr dir alles wanken will, desto treulicher flieh zu Ihm hin, der unser lebendiger Heiland ist. Nur Menschen, die völlig und ganz bei Jesus geborgen sind, können schwache Stunden überstehen und überdauern.

d) Das ist aber nicht nur ein unbestimmtes Gefühl. Du mußt im geordneten und geregelten Umgang mit Jesus stehen. Man kann nicht erst in Stunden der Anfechtung nach der Bibel greifen, dann gelingt nämlich der Griff nicht mehr. Du mußt dein Leben hineingebettet haben in das tägliche Reden und Hören mit dem Herrn. Das sind nicht sture äußere Gesetze, sondern das ist Lebenskraft für Menschen, die es mit Jesus wagen. Sollten wir, die wir so anfällig für schwache Stunden sind, nicht unentwegt Kraft und Stärke suchen in Gottes Wort und Gebet?

e) Hast du Gemeinschaft mit den Brüdern? Es ist doch nicht von ungefähr, daß Jesus seine Leute zu zwei und zwei losgesandt hat. Er hat doch schon gewußt, daß jeder seiner Boten durch das tiefe Tal der schwachen Stunden hindurch muß. Aber gerade dann müssen wir Brüder haben, die uns zur Seite stehen. Ich habe Sorge um all die Mitarbeiter, die oft so grenzenlos einsam stehen. Ihr müßt für viele andere sorgen, und um euch sorgt sich keiner. Spürst du denn nicht, daß deine Einsamkeit eine ganze bewußte Isolierung ist, in die dich Satan hineingetrieben hat? Jetzt hat er dich da, wo er dich noch und noch mit schwachen Stunden überfallen kann. Du mußt zu den Brüdern! Man kann nicht Stunden leiten, auch nicht Turnstunden oder Posaunenchorstunden, wenn man nicht selbst in einer Bruderschaft geborgen ist und unter Brüdern Gottes Wort hört. Darum gibt es jetzt nur eins: Wenn dich deine schwachen Stunden anfechten, dann fliehe zu den Brüdern! Da bist du geborgen.

f) Noch eine Regel, an die wir oft so wenig denken. Hast du Umgang mit den Vätern? Wie hat mich in Anfechtungsstunden das oft schon getröstet, daß ich in den Schriften alter Glaubensväter lesen durfte! Gerade dann, wenn ich selbst kaum mehr beten konnte, wurde ich aus den Tiefen herausgehoben, wenn ich in diese Welt des Friedens und der Freude eintreten durfte, um die schon unsere Väter gerungen haben. Ich vergesse eine Stunde während des Krieges nie. Wir lagen auf einsamem Wachtposten. All mein Bitten und mein Flehen konnte es nicht verhindern, daß meine Kameraden unser einziges Zimmer mit wüsten Dingen erfüllten. An jenem Nachmittag bin ich draußen umhergegangen und habe in meiner schrecklichen Einsamkeit das Lied auswendig gelernt: „Gib dich zufrieden und sei stille!" Ich kann euch nur sagen, daß ich plötzlich nicht mehr allein war, und die schwache Stunde durfte mir nichts mehr anhaben.
Es ist das Kennzeichen aller schwachen Stunden, daß wir meinen, Jesus sei uns ferngerückt. Und doch ist Er uns nie so nah als dann, wenn wir in Tiefen hinabsinken. Klammere dich doch an die Hand Jesu! Nicht wir, aber Er, Er kann die schwachen Stunden überwinden.

3. Vom Segen der schwachen Stunden

Ja, es muß ein Segen drin liegen, daß Gottes Mitarbeiter durch die Niedrigkeit der schwachen Stunden hindurch müssen. Es ist etwas unendlich Beschämendes, daß wir oft so am Boden liegen. Unsere jungen Männer würden oft erstaunt sein, durch welche Niedergeschlagenheit es in unserem Leben geht. Und dennoch sind diese Tage und Stunden der Anfechtung oft wie Sprossen einer Leiter, die nach oben führt.

Unser Herr hätte wahrscheinlich viel besser seine Arbeit nicht durch uns, sondern durch seine heiligen Engel machen lassen. Die Engel wären durch all die Anfechtungen und Nöte unbewegt hindurchgeschritten. Aber nein: obwohl Er ganz genau wußte, wie es um uns steht, hat Er eben nicht die Engel genommen, sondern läßt diese Arbeit durch uns geschehen, durch uns, die angefochtenen Leute voll schwacher Stunden. Ob nicht darin das tiefste Geheimnis seelsorgerlicher Vollmacht liegt, daß man selbst durch diese Kämpfe und Peinigungen hat hindurchgehen müssen? Wie wollten wir denn die Menschen verstehen, die uns aufs Herz gelegt sind, wenn wir nicht mit ihnen durch dieselben Nöte und Kämpfe hindurch müßten!

Zu dem, was uns hier bewegt, schreibt der Apostel Paulus im 2. Korintherbrief ein Wort, das mir so wichtig erscheint, daß ich es hier wörtlich hinschreiben muß:

„Gelobet sei Gott und der Vater unseres Herrn Jesu Christi, der Vater der Barmherzigkeit und Gott alles Trostes, der uns tröstet in aller unserer Trübsal, daß wir auch trösten können, die da sind in allerlei Trübsal, mit dem Trost, damit wir getröstet werden von Gott. Denn gleichwie wir des Leidens Christi viel haben, also werden wir auch reichlich getröstet durch Christum. Wir haben aber Trübsal oder Trost, so geschieht es euch zu Trost und Heil; welches Heil sich beweist, so ihr leidet mit Geduld, dermaßen, wie wir leiden. Ist's Trost, so geschieht auch das euch zu Trost und Heil; und unsere Hoffnung steht fest für euch, dieweil wir wissen, daß, wie ihr des Leidens teilhaftig seid, so werdet ihr auch des Trostes teilhaftig sein."

Wir ahnen ja nur, durch welche Trübsale und Anfechtungen, durch welche Einsamkeiten und Schwachheiten der Apostel hat hindurchgehen müssen. Nun seht ihr aber die unzerreißbare Kette: Stunde der Anfechtung — Gott des Trostes — „daß wir auch trösten können, die da sind in allerlei Trübsal". So lerne ich daraus, daß es zweierlei schwache Stunden gibt: Schwache Stunden, die uns übermannen, in denen Jünger Jesu zu armen Gefangenen werden und über die man sich bis in Ewigkeit hinein schämen muß; aber auch schwache Stunden, in denen wir in all unserer Niedergeschlagenheit den Trost Gottes empfangen. Das kann doch nichts anderes bedeuten, als daß wir darin den Sieg Jesu gewinnen. Und dieser Trost Gottes ist so gewaltig, daß wir mit dem, was wir empfangen haben, auch anderen zurechthelfen können. So grüße ich euch, ihr stillen Kämpfer, in herzlicher Verbundenheit, in der Verbundenheit der Anfechtung, aber erst recht in der Verbundenheit eines großen, herrlichen Trostes. Wir wollen Gott bitten, daß uns die schwachen Stunden nicht zu Boden zwingen. Unser Herr, der in Gethsemane und auf Golgatha die Not der schwachen Stunden bis zur Neige ausgekostet hat, wolle uns ganz nahe sein, wenn die schwache Stunde über uns kommt. Er wird, uns dann zu einer rechten Trostbruderschaft machen, daß es von uns heißen wird: „. . . daß wir auch trösten können, die da sind in allerlei Trübsal mit dem Trost, damit wir getröstet werden von Gott."

GEDULD HABEN

Es war zu Beginn des Kirchenkampfes. Unter ziemlich aufregenden Umständen war ich meines Amtes enthoben worden und hatte nun die aufgewühlte Gemeinde zu einem Gottesdienst in einen Gasthaussaal geladen. Tausende waren zu erwarten. Mit viel Not hatte ich in all dem Getümmel eine Predigt gemacht, die an Kampfesstimmung und Deutlichkeit nichts zu wünschen übrigließ. — Da werde ich in der Nacht plötzlich noch einmal wach, und ich spüre eine entsetzliche Unruhe: Diese auf Kampfesruf abgestellte Predigt darf ich nicht halten! Die Gemeinde ist aufgewühlt genug. Jetzt sollte sie in die Stille des Hörens kommen.

In meiner schrecklichen Unruhe ging ich in mein Studierzimmer hinunter und schrie zu Gott: Lieber Herr, ich weiß nicht, was ich sagen soll; jetzt mußt Du mir eine Predigt schenken. Ich tat damals etwas, was ich sonst nie tue, ich schlug einfach meine Bibel auf in der Gewißheit, daß ich jetzt das Wort finden würde, worüber ich in wenigen Stunden predigen sollte. Mir war es wie ein Schlag vor den Kopf, als mein Blick auf das Wort in Hebräer 10, 36 fällt: „Geduld ist euch not, daß ihr den Willen Gottes tut und die Verheißung erlanget." So ratlos bin ich noch selten gewesen. Ich wollte die Gemeinde zum Kampf aufrufen, und Gott befiehlt mir, über die Geduld zu predigen. Ich kann nur sagen, daß von dieser Predigt ein ·entscheidender Segen ausging und dieser uns durch Jahre schweren Ringens und Kämpfens getragen hat.

Dies Wort von der Geduld muß ich euch allen sagen. Ich wollte, Gott gäbe mir Vollmacht, daß ihr es wirklich hören könnt.

1. O Segensquell: Geduld!

Ich muß offen gestehen, daß mir dieses Wort noch genauso schwer fällt wie in jener nächtlichen Stunde. Ich möchte euch mitreißen zu feurigem Dienst. Ich möchte, daß wir alle miteinander noch ganz anders eifrig und brennend werden. Ich möchte euch eine Kampfesparole nach der andern zurufen.

Und wieder spüre ich, daß mir Jesus die Hand auf den Arm legt: „Geduld ist euch not, daß ihr den Willen Gottes tut und die Verheißung erlanget." Der Herr, der einst in seiner schwersten Kampfesstunde seinem getreuen Petrus befahl: „Stecke dein Schwert in die Scheide", möchte auch mit dir und mir den Kampf um eine gottlose Welt auf andere Weise führen. Jedesmal wenn dies Wort von der Geduld auf mich zukommt, dann erfahre ich etwas von dem, was Saulus bei Damaskus erfuhr. Da ritt dieser junge, feurige Saulus durchs Land. Ihr dürft es ihm schon glauben, daß er meinte, für Gott zu reiten. Mit unerbittlicher Entschlossenheit will er seinen Plan durchführen, um seines Gottes Ehre zu wahren und zu hüten. Und dann tritt ihm Jesus in den Weg, daß dieser gewaltige Saulus zu Boden geworfen wird und nur noch zitternd und zagend fragen kann: „Was willst du, daß ich tun soll?" Da sind auf einmal all die kühnen Pläne zerbrochen, weil der Plan Gottes beginnt. Da ist alles wilde Durchbrechen zu Ende, weil Jesus durchbricht. Da ist plötzlich alles falsche Feuer ausgelöscht, weil Christus sein Licht angezündet hat. „Geduld ist euch not, daß ihr den Willen Gottes tut."

2. Auch der Teufel lehrt Geduld

Jetzt verwechselt nur nicht diese heilige Geduld Jesu mit irgendeiner menschlichen Tugend. Das, von dem wir hier reden, hat mit dem langweiligen Treibenlassen und mit dem sanften Dahindämmern, das wir dann auch noch kühn „Geduld" nennen, nichts zu tun.

Da war in Silo ein Heiligtum, an dem ein alter Priester, Eli, mit seinen Söhnen waltete. Es war, wie es so oft im Heiligtum geht, eine Zeit des Schlafes und des Ungehorsams angebrochen. Und darum redet Gott mit erschreckendem Ernst davon, daß das Gericht vor der Tür steht. Der alte Eli hat, als er davon hörte, nur gesagt: „Es ist der Herr, er tue, was ihm wohlgefällt." Das ist an sich ein herrlicher Glaubenssatz. Nur hätte ihn der Eli jetzt und in dieser Lage auf keinen Fall sprechen dürfen; denn er hat nicht Geduld mit Gottes Wegen, sondern er hat mit sich und seinen Söhnen und seiner Trägheit und der

Sünde seiner Söhne diese scheinbare Geduld. Wie fromm klingt der Satz, und er ist doch vollkommener Ungehorsam und offenbare Gottlosigkeit in diesem Augenblick. Jetzt hätte er mit sich und seinen Söhnen gar keine Geduld mehr haben dürfen, sondern hätte auf die Knie gehen sollen, um Buße zu tun.

Da, wo der Teufel seine Hand im Spiel hat, da redet er so lieblich von Geduld, und meint doch im Grunde nur unsere Sturheit und unsere Unentschlossenheit, mit den faulen Dingen unseres Lebens und unserer Arbeit endlich aufzuräumen. Aus solcher Sturheit wird langsam eine grenzenlose Gleichgültigkeit, die alles gehen und treiben läßt. Welch eine Lähmung liegt über vielen Christen, weil sie soviel Teufelsgeduld mit sich selbst haben. Nein, diese Geduld ist uns nicht not, mit der muß es ein Ende haben.

3. Dennoch: Geduld ist euch not!

Ihr solltet euch einmal die Mühe machen und zusammenstellen, wie oft im Neuen Testament das Wort „Geduld" vorkommt. Meistens an entscheidenden und wichtigen Stellen! Es ist ein so köstliches Wort. Laßt es euch nicht verdrießen, wenn ich es euch in der griechischen Ursprache sage: hypomone. Das heißt wörtlich: „Darunterbleiben". Schöner kann man es ja nicht sagen. Unter einer Last aushalten und nicht müde werden, bis uns schließlich diese Last abgenommen wird. Darum bedeutet Geduld das gewisse und getroste Warten auf das, was Gott tut. Es bedeutet das unentwegte Ausharren und beharrliche Hinschauen auf das große Ziel, dem unser Leben und Arbeiten entgegengeht. Angesichts dieser herrlichen Sache begreife ich, warum Jesus, als es seinem Ende zuging, seinen Kampfgefährten, den Jüngern, das Wort mitgab: „Fasset eure Seelen in Geduld." So wie ein Krieger sich für schweren Kampf mit einer Rüstung bekleidet, so sind Jünger Jesu mit der Geduld gewappnet.

Diese Rüstung müssen wir erst bekommen, die hat keiner von Natur. Darum hat die Geduld ihren Ursprung nicht in unseren guten Tugenden. Diese Geduld hat ihren Ursprung allein im Herzen Gottes. Darum jubelt der Apostel Paulus im Römerbrief beim Aufblick zu seinem Herrn über den „Gott der Geduld und des Trostes". Spürt ihr nicht, wie in dieser Anbetung des lebendigen Gottes der ganze Reichtum der frohen Botschaft liegt? Der Herr der Welt, der verborgene, gewaltige Gott, hat sich zu armen Menschen so heruntergeneigt, daß Er ihnen ein Gott der Geduld und des Trostes wird. Nach seinem göttlichen Recht hätte Er uns alle verstoßen und verwerfen müssen. Weil Er G o t t ist, hätte Er keinen Augenblick länger unseren Ungehorsam tragen können. Nun straft Er nicht unsere Schuld, nun verwirft Er uns nicht mit unserem Elend, sondern Er, der heilige, reine Gott, stellt sich unter die dunkle Last einer ganzen Welt. In Jesus ist die unendliche Geduld Gottes, die Er mit armen Sündern hat, offenbar geworden. In diesem Heiland der Welt ringt Er mit uns, deren Leben eigentlich schon längst verwirkt ist, daß wir selig werden sollen. Wenn die Bibel von Geduld spricht, dann enthält dies jedesmal das große Angebot Gottes, daß mit uns, die wir unrettbar verloren sind, noch einmal alles gut werden könnte, weil es einen lebendigen Heiland gibt. O du treuer Gott der Geduld und des Trostes!

4. Mit Jesus gehen heißt, in seiner Geduld stehen

Jetzt wird dieses Wort zu einer ganz persönlichen Frage an dich und mich. Weißt du noch, daß du allein aus der Gnade lebst? Daß du im großen Zug des Volkes Gottes mitgehen darfst, verdankst du allein der Geduld Gottes, die Er in Jesus mit dir gehabt hat. Darum ist jeder Augenblick unseres Christenstandes erfüllt und getragen von einer unsagbaren treuen Gottesgeduld.

Daraus aber erwächst das andere, daß unser Leben jetzt diese Geduld beweisen muß. Ja, beweisen! Das ist nicht ein toter Gedanke, der über uns im luftleeren Raum herrscht, sondern Menschen, die durch Jesus erettet sind, stehen in der Wirklichkeit der Gnade, die sie an jedem Tag erfahren und erleben. „Wandelt mit Geduld" (Eph. 4, 2). „Ziehet an herzliches Erbarmen . . . Geduld!" „In allen Dingen beweisen wir uns als die Diener Gottes in großer Geduld . . ." Darum geht es. Geduld Gottes will im täglichen Leben bewiesen werden.

5. Wie sieht denn solche Geduld aus?

a) R e c h t e G e d u l d i s t i m m e r a u f s Z i e l a u s g e - r i c h t e t. Da redet der unbekannte Verfasser des Hebräerbriefes in seinem Brief mit einer Gemeinde, die sehr müde geworden ist. Die lähmende Teufelsgeduld droht das Gemeindeleben zum Erstarren zu bringen. Da ruft er es ihnen zu: „Darum auch wir, dieweil wir eine solche Wolke von Zeugen um uns haben ... lasset uns laufen durch Geduld in dem Kampf, der uns verordnet ist, und aufsehen auf Jesum, den Anfänger und Vollender des Glaubens." Jetzt wird es deutlich, daß diese Geduld nicht ein ruhender, gemütlich-sanfter Zustand ist, sondern eine auf das Ziel ausgerichtete Bewegung. Es geht in unserem persönlichen Leben darum, daß wir Jesus nachfolgen, um einmal mit Ihm in der Herrlichkeit zu sein. Es geht in unserer Jugendarbeit um den Auftrag, junge Menschen für Christus und sein Reich zu gewinnen. Die Größe des Zieles bewahrt uns, daß wir uns in den Kleinigkeiten und Hindernissen, die jeder Alltag in Fülle bringt, verlieren: „Wer hier ermüden will, der schaue auf das Ziel, da ist Freude."

b) Rechte Geduld lernt gehorsam sein. „Geduld ist euch not, daß ihr den Willen Gottes tut." An diesem Punkt liegt der Finger Jesu an meiner wundesten Stelle. Da sehe ich Schwierigkeiten und Hemmnisse. Wie schnell will mein Fleisch und Blut hinzufahren. Und wenn ich nachher zurückschaue, habe ich eher verdorben, statt etwas gutzumachen. Jetzt darf ich in der Geduld Jesu erst einmal abwarten. Es gibt keine Schwierigkeit und keine Not, die uns nicht in jedem Augenblick daran erinnern will, daß wir noch viel gehorsamer werden sollen. Wenn es bei euch nicht vorwärtsgeht, dann stürzt euch nicht in eine verwirrende Geschäftigkeit, sondern haltet bis in die Tiefe hinein der Frage stand: Was will jetzt der Herr? Da stoßt ihr zum Köstlichsten vor, daß alle Schwierigkeiten einen verborgenen Segen in sich tragen, und wir dadurch Jesus näherkommen.

c) Rechte Geduld lebt aus einer völlig neuen Blickrichtung. „Lasset uns aufsehen auf Jesum, den Anfänger und Vollender des Glaubens." Zunächst siehst du nur deine Schwierigkeiten. Du siehst die Fehler all der Menschen, die um dich her stehen. Daraus kommt nur Ärger und Verzagtheit. Unter der Geduld Jesu geschieht das Wunder, daß ein einsamer Mann, der bis zum Hals in lauter Nöten steckt, auf einmal sagen kann: „Ich hebe meine Augen auf zu den Bergen, von welchen mir Hilfe kommt. Meine Hilfe kommt von dem Herrn, der Himmel und Erde gemacht hat." Wundert ihr euch nicht, wie uns die Apostelgeschichte immer wieder berichtet, daß die Männer Gottes so fröhlich ihren wahrhaftig nicht leichten Weg gegangen sind? Es geht von einer Verhaftung zur anderen. Sie werden geprügelt, geschlagen und in die Gefängnisse geworfen. Und ihr hört nur von lauter Freude, von Siegesliedern und herrlicher Gewißheit. Da liegt das Geheimnis, daß diese Männer durch eine wunderbare Schule gegangen sind. Das haben sie bei Jesus gelernt, daß man mitten in Stürmen auf Ihn allein sehen muß. Das ist göttliche Geduld.

d) R e c h t e   G e d u l d   t r e i b t   u n s   z u   l e b e n d i g e m   B e t e n. In einer Stadt wurde nach dem Kriege ein paar Mal unter größtem Einsatz versucht, eine lebendige Jungmännerarbeit zu beginnen, und jedesmal ging es daneben. Einer aber spürte, daß er in all dem Versagen den Auftrag habe, doch den Jungmännerkreis zu sammeln. Aber zunächst ereignete sich gar nichts. Und als man ihn fragte, ob er denn nun nicht endlich etwas tun wolle, antwortet er: „Ich tue unendlich viel, ich bete um den zweiten Mann." Wie habe ich mich gefreut, als sich mir vor einigen Wochen in der dortigen Gegend ein junger Mann vorstellte, der aus jener Stadt kam: „Ich bin der zweite Mann." Da seht ihr, wie Geduld hineingreift in die Schatzkammern Gottes. Rechte Geduld weiß darum, daß wir nichts vermögen, der Herr aber alles kann.

e) R e c h t e   G e d u l d   e r t r ä g t   d e n   B r u d e r. Das ist das Wunderbare, daß Menschen, die in ihrer ganzen Arbeit nichts anderes tun, als auf die Hände Jesu zu schauen, nun auch in neuer Weise dem Bruder begegnen können. Wer aus der Geduld Gottes heraus den neuen Blick auf Jesus hat, hat auch einen neuen Blick für den Bruder. Ich denke seit einiger Zeit so oft an die Geschichte von Moody. Als 21jähriger junger Mann leitete er eine Sonntagsschule von 1500 Kindern. Einer seiner ersten Grundsätze war: „Je schwieriger ein Junge ist, desto geringer wird der Grund, ihn wegzuschicken." „Tröstet die Kleinmütigen, traget die Schwachen, seid geduldig gegen jedermann" (1. Thess. 5, 14). Das war die Sünde des Schalksknechts, von dem uns Jesus in Matthäus 18 erzählt, daß er selber Zug um Zug aus der Geduld seines Herrn lebte. Aber dann kommt sein Mitknecht und bettelt ihn an: „Habe Geduld mit mir ..." Und diese Geduld hat er nicht. Wie fleht eine verlorene und gebundene Jugend um uns her um die Geduld der Gnade, und wir sind solche Schalksknechte! Und wieder meine ich, es müßte eine wahrhaft göttliche Geduld sein, nicht die Eligeduld, die einfach zu der Sünde schweigt. Es müßte dieses werbende Herauslieben sein, das Jesus an uns so freundlich übt. Was für eine Magnetkraft, die aus weiter Ferne Menschen heranzieht, würde über unserem ganzen Leben liegen, wenn es in der Fülle der geduldigen Liebe und der liebenden Geduld unseres Heilandes stünde!

f) Rechte Geduld erfährt lauter Wunder. Wir gehen, wenn wir im Gehorsam Jesu stehen, ständig einen scheinbar völlig hoffnungslosen Weg. Es sieht in jedem Augenblick so aus, als ob es gar keinen Sinn hätte, mit diesem Jesus zu leben, Ihm zu dienen und für Ihn zu arbeiten. Aber jedesmal, wenn wir gerade verzagen wollen, wird der Glaube wunderbar getröstet, weil er zu seinem großen Erstaunen in unseren Verlegenheiten die Fußspuren des lebendigen Gottes sieht. Wenn wir am Ende sind, dann wird die Geduld des Glaubens aufgerichtet, daß sie es nun sehen darf, daß Gott jetzt erst richtig anfängt. Du würdest Wunder erleben, wenn du mehr auf Jesus und viel weniger auf dich und deine Fähigkeiten sehen würdest. „Geduld ist euch not, daß ihr den Willen Gottes tut und die Verheißung erlanget."

Wir standen zur Morgenwache um den Fahnenmast. Es war ein herrliches Bild, wie all die jungen Burschen so frisch und sauber auf dem Zeltplatz standen. Während meine Augen die lange Reihe entlanggehen, bleiben sie bei Karl hängen. Das muß ja nicht nur mir auffallen, wie strahlend er in die Welt hinein sieht und wie fröhlich er den Morgenvers mitsingt. Es sind noch keine 12 Stunden her, da saßen wir miteinander drüben am Waldrand, und Karl war so entsetzlich bedrückt. Es waren wahrhaftig auch keine schönen Dinge, die da plötzlich vor uns gestanden hatten. Aber als wir uns nachher die Hand gaben, sagte er mir leise: „Ich bin ja so froh, daß ich alles losgeworden bin." Ja, das ist auch eine herrliche Sache, wenn ein Mensch seine schwersten Nöte losgeworden ist. So frei und fröhlich können wir werden, wenn wir einmal rückhaltlos das, was uns bedrückt, beichten. Laßt uns von dieser geheimnisvollen Freude sprechen, vom Segen der Beichte.

1. Ist das denn nicht katholisch?

Weithin meint man heute: Die Katholiken müssen zur Beichte, wir Evangelischen brauchen nicht beichten. — Schade, daß sich das so eingebürgert hat. Damit sind wir sehr arm geworden. Das ist nicht eine katholische, sondern eine biblische Sache, daß ein Mensch seine Sündennot in der Beichte ablegen darf. Die ganze Bibel ist erfüllt davon. Wollen wir die strahlende Freude und den Glanz der frohen Botschaft wiedergewinnen, dann müssen wir auch wieder beichten lernen.

Wir meinen freilich, daß wir uns darin von unseren katholischen Brüdern unterscheiden: Beichte ist ein so zartes, vom Heiligen Geist gewirktes Geschehen, daß wir ihr das Beste nehmen, wenn wir sie zur ständigen und festen Einrichtung machen. Sobald über solcher Beichte der Zwang liegt, daß ich da beichten soll, wo mir Gott mein Herz noch gar nicht aufgetan hat, dann ist Beichte kein Trost und keine Freude mehr. Es ist aber wie Salbe und Arznei auf böse Wunden, wenn Gott selbst mit seiner Hand an meine Wunde rührt, wenn Er mich mit meiner Not nicht allein läßt, sondern mir erlaubt, all meinen Jammer zu beichten.

2. Was ist denn eine Beichte?

Es gibt zwischen Himmel und Erde nichts Größeres, als daß aus einem verlorenen Sünder ein Kind Gottes wird. Der Apostel Paulus sagt einmal, daß da jedesmal dieselbe Kraft Gottes wirksam sei, die unserem Heiland das Grab geöffnet und gesprengt hat. Es ist jedesmal „Auferstehung von den Toten". Dies Geheimnis kann man nicht beschreiben. Dort war es irgendein Wort während einer Andacht; hier war es eine stille Begebenheit; bei dem einen geschieht's wie mit einer unerhörten Revolution; bei dem andern ist es ein ganz stilles Wachstum. „Er weiß viel tausend Weisen, zu retten aus dem Tod." Es gibt keine Methode und gibt keine Schablone für dieses geheimnisvolle Wirken, wenn Jesus einen Menschen plötzlich stellt und ihn auf seinem Wege aufhält.

Nur eins ist wohl bei allen gleich: daß wir im Lichte Gottes uns selbst ganz neu sehen. Wir erkennen auf einmal, wie schmutzig wir sind. Wir haben früher vielleicht auch gewußt, daß wir Fehler haben. Es war uns bei manchen Dingen ungemütlich, aber jetzt erkennen wir unsere Sünde. Jetzt tut sie uns auf einmal weh, während sie früher fahrplanmäßig war.

Damit erwacht aber auch etwas anderes: Wir wollen unter allen Umständen unsere Sünde loswerden. Wir wissen vielleicht noch gar nicht, wie das gehen mag. Wir wollen aus den alten Geschichten heraus! Es geht einem wie einem Menschen, der plötzlich die Schmerzen eines Geschwürs empfindet. So sehr wir vor dem Arzt und all seinen Instrumenten Angst haben — je mehr das Geschwür quält, desto mehr fühlen wir, daß es eine Wohltat sein müßte, wenn es aufgeschnitten und geheilt würde. Ich staune, wie Gott das fertig bringt. Lange erscheint uns sein Wort so unverbindlich, vielleicht sogar langweilig. Plötzlich packt es uns und läßt uns an der einen Stelle nicht mehr los: Bei mir stimmt etwas nicht. Da hilft es nichts, da muß man stillhalten; nur ja jetzt nicht weglaufen, sondern wirklich stillehalten vor der einen Frage: Was trennt mich eigentlich von Gott und seinem Frieden? Dieses Aufdecken unserer Sünde und dieses Hinlegen vor Gott, das ist Beichte, lebendige, tröstliche und heilende Beichte. Als der König David einmal in ganz großer Not war, hat er später von jenen Tagen gesagt: „Da ich's wollte verschweigen, verschmachteten meine Gebeine durch mein täglich Heulen; denn deine Hand war Tag und Nacht schwer auf mir." David hat keinen andern Ausweg gesehen als diesen: „Darum bekannte ich dir meine Sünde und verhehlte meine Missetat nicht. Ich sprach: Ich will dem Herrn meine Übertretungen bekennen. Da vergabst du mir die Missetat meiner Sünde" (Psalm 32, 5).

3. Wem beichten wir?

Dem Herrn! Immer nur dem Herrn; denn Er allein kann in Ordnung bringen, was bei uns nicht in Ordnung ist. „Ich will d e m H e r r n meine Übertretungen bekennen." Die Bibel berichtet uns das Beichtgebet des David nach seiner furchtbaren Schande. Wie hat David seine große Not ohne Rücksicht auf Menschen dem Herrn hingelegt und auf Ihn all seinen Jammer geworfen. „An dir allein habe ich gesündigt und übel vor dir getan ... Schaffe in mir, Gott, ein reines Herz ..."
Als einmal das Volk Israel in tiefer Not und Knechtschaft war, fühlte Daniel, daß jetzt nur eins helfen könne, ein rückhaltloses Beugen und Beichten vor dem heiligen Gott. Man spürt im 9. Kapitel des Danielbuches, wie Daniel alle Schuld und Not in beide Hände nimmt und sie vor Gott hin ausbreitet, ohne etwas zu verdecken: „Ach lieber Herr, du großer und schrecklicher Gott ... wir haben gesündigt, Unrecht getan, sind gottlos gewesen und abtrünnig geworden; wir sind von deinen Geboten und Rechten gewichen, wir gehorchten nicht deinen Knechten, den Propheten ... wir liegen vor dir mit unserem Gebet, nicht auf unsere Gerechtigkeit, sondern auf deine große Barmherzigkeit." — Als Nehemia das zerstörte Jerusalem aufbauen wollte, ist er denselben nicht leichten und doch so köstlichen Weg gegangen: „Er saß und weinte und trug Leid etliche Tage und fastete und betete vor dem Gott des Himmels und sprach: Ach Herr, Gott des Himmels, großer und schrecklicher Gott ... laß doch deine Ohren aufmerken und deine Augen offen sein, daß du hörst das Gebet deines Knechtes, das ich nun

vor dir bete Tag und Nacht für die Kinder Israel, deine Knechte, und bekenne die Sünden der Kinder Israel, die wir an dir getan haben. Und ich und meines Vaters Haus haben auch gesündigt."

Daran wird mir einfach deutlich, daß es keinen Weg zum Neubau unseres Lebens gibt, wenn wir nicht rückhaltlos und offen einmal unserem Gott hinlegen, was in unserem Leben nicht in Ordnung ist. Und das ist mir so tröstlich, daß wir es auf den Herrn hin sagen dürfen. Was du keinem Menschen anvertrauen kannst, darfst du Gott ins Ohr hineinsagen. Deine letzten Abgründe darfst du vor Jesus aufdecken und ausbreiten.

4. Genügt das, wenn ich es Gott sage?

Es bleibt dabei, daß wir dem Herrn, wirklich dem Herrn allein, unsere Sünde bekennen. Und trotzdem hat Jakobus recht, wenn er uns ermutigt: „Bekenne einer dem andern seine Sünden und betet füreinander, daß ihr gesund werdet" (Jak. 5, 16). Du solltest den Mut gewinnen, deine Not auch vor Menschen zu beichten.

Warum ist das so wichtig?

a) Das ist zunächst einmal ein reicher, köstlicher Trost. Wenn ein Mensch im Anblick seiner Schuld und Sünde alleingelassen wird, dann möchte er daran verzweifeln und nicht die gnädige Hand Gottes finden, weil aufgedeckte Sünde immer etwas Peinliches ist. Weil das so schwer ist, darum kommt es oft gar nicht recht zum Beichten vor Gott. Wir bleiben in der Regel in den Anfängen stecken. Damit du aber in dieser schwersten Stunde nicht allein bist, darum schenkt dir Gott da, wo deine Not dich erdrücken will, den Trost brüderlicher Gemeinschaft. Es ist eine Hilfe, wenn du mit deiner Sünde nicht allein sein mußt.

Als ich im Kriege zum erstenmal nach Pleskau kam, war in der herrlichen, großen Kathedrale eine Gottlosenausstellung. Acht Tage später erlebte ich die Wiedereinweihung dieser alten, ehrwürdigen Kathedrale. Scharen von Menschen waren da; ergreifende Bilder zeigten sich uns. In einer Ecke nahm ein Priester Beichte ab. Jeder, der beichten wollte, sprach seine Not auf ein lebensgroßes Jesusbild hin, und der Priester stand demütig still daneben und war Zeuge dieser Beichte. Das scheint mir das rechte Bild einer echten Beichte zu sein. Wir beichten auf den Herrn hin, aber dürfen uns zum Trost einen Menschen zum Zeugen nehmen.

b) Es ist ein Zeichen dafür, daß es uns ernst ist. Es ist nicht selbstverständlich, daß ein Mensch seine Sünde bekennt. Wir bleiben so gern dabei stecken, daß wir alle miteinander „allzumal Sünder" sind. Das tut noch nicht weh. Aber es wird ganz ernst, wenn ich bestimmte Sünden in meinem Leben bei ihrem Namen nenne. Wenn ich anfange, einem Bruder zu beichten, dann nötigt mich das, mit meiner Sünde ganz ernst zu machen. Theodor Bovet schreibt an einer Stelle: „Sofern die Anstrengung und Selbstüberwindung, die uns eine Tat kostet, ein Maß ihrer Bedeutung sein kann, versuche jeder einmal bei sich selbst, wenn er in diesen Fall kommt, was schwerer ist, zu sagen: ‚Ich bin ein Sünder und von Grund auf verdorben', oder: ‚Gestern beim Mittagessen habe ich dich angelogen, in Wirklichkeit war es so und so', oder: ‚Heute morgen habe ich mir beim Anblick jener Frau das und das vorgestellt.'" Das Bekenntnis der Sünde ist der erste Pflock, den wir in den Boden einschlagen, um ein Weiterrutschen zu verhindern. Weil das so ist, darum solltest du jetzt wirklich einen Bruder suchen, dem du beichten kannst.

c) Es gibt eine gefährliche Lage, die wir alle kennen: Ich weiß meine Sünde, aber ich will sie nicht loslassen. Es ist geradezu erstaunlich, wie wir unsere Lieblingssünde heimlich pflegen. Wir schieben sie in unserem Bewußtsein in eine Ecke, in der sie uns nicht viel stört, und denken gar nicht daran, mit ihr zu brechen. Das ist wirklich eine böse Lage; denn nun breitet sich heimlich diese Sünde aus und vergiftet unser Leben immer mehr. In dem Augenblick, in dem du es wagst, sie zu beichten, drehst du ihr die Luft ab, nimmst du ihr die Lebensmöglichkeit. Wer wirklich von seiner Sünde loskommen will, muß einem Bruder beichten können.

5. Ein Wort an die, die beichten

a) Laufe Gott nicht weg; verschiebe die Sache nicht auf später. Ungeordnete Dinge werden später immer schwerer gelöst. Aufgeschobene Beichte bedeutet gefährlichen Rückschritt in Glaubensdingen und ein Hemmnis, an der Hand Gottes zu leben.

Wenn Er deine wunde Stelle berührt hat, dann suche jetzt, deine Not loszuwerden. Wer weiß, ob du es morgen noch kannst.

b) Suche einen gläubigen Menschen, zu dem du Vertrauen hast. Zur Beichte gehört nun einmal rückhaltloses Vertrauen. Wenn du keinen siehst, dann bitte Gott, daß Er dir einen in den Weg schickt, dem du dich anvertrauen kannst.

c) Hab doch den fröhlichen Mut, rückhaltlos deine Not aufzudecken. Man muß seine Sünde loslassen können und nicht doch noch im letzten Augenblick verstecken wollen. Es wird freilich gut sein, wenn man auch bei der Beichte nicht noch mit merkwürdiger Selbstgefälligkeit in der Sünde herumwühlt. Wirklich loslassen und weggeben!

d) Es gibt Menschen, die allen möglichen Leuten dieselbe Geschichte immer wieder beichten. Was du einmal ins Meer der Gnade Jesu hineingeworfen hast, das ist abgetan. Das darfst du nicht mehr herausholen. Darum sieh auch nicht auf Menschen, sondern laß dich an der Hand Jesu in die kindliche Einfalt und die unbeschwerte Freude des Glaubens führen.

6. Ein Wort an die, die Beichte hören

a) Wer im Reich Gottes mitarbeitet, muß auch innerlich bereit sein, Beichte zu hören. Vielleicht kannst grade du einem Menschen ein besonderer Helfer sein.

b) Wer anderen helfen will, dem muß selbst geholfen sein. Ich kann nicht einem anderen ein Seelsorger werden, wenn ich nicht selbst Seelsorge habe. Hier empfinde ich unter uns die allergrößte Not. Wir sind so beschäftigt und doch so einsam. Es sollte keiner einen Dienst tun, der nicht selbst mit Treue einen Seelsorger hat, dem er immer wieder sein Herz aufdeckt. Je mehr du an dir Seelsorge üben läßt, desto mehr kannst du anderen ein Segen sein.

c) Nur kein Drängen, nur kein Zwingen in Dingen der Beichte! Wer anderen helfen will, muß warten können. Wenn du spürst, daß einer neben dir geht, der heimlich eine Last trägt, dann warte ganz still an seiner Seite, bis die Stunde kommt, aber bete umso fleißiger für ihn, daß Gott euch die stille Stunde zur Aussprache schenkt.

d) Wenn aber diese Stunde kommt, dann mußt du Zeit haben. Nichts bedrückt mich in meinem Dienst so, als daß ich je und dann an dieser Stelle versagt habe. Da kam in der Nacht ein junger Mann — und ich war zu müde; da stand einer neben mir — aber ich hatte keine Zeit. Wenn jemand mit dem scheinbar äußerlichsten Anliegen zu dir kommt, dann mußt du Zeit haben. Nicht nur äußerlich Zeit haben. Man spürt es uns ab, ob wir aus dem Frieden Gottes kommen. Nur wenn diese Stille und dieser Friede über uns sind, kann Beichte geschehen, sonst geht es nicht.

e) Es mag wohl einmal sein, daß du einen Menschen ermutigst, ob er sich nicht aussprechen will. Das sollte nicht zu oft geschehen. Das darfst du dann tun, wenn du in Gottes Namen lange genug gewartet hast. Oft ist es einem Menschen eine Hilfe, wenn du ihm Mut machst, daß er endlich das erste Wort findet.

f) Das Geheimnis, eine Beichte zu hören, liegt wirklich in dem einen Wörtlein: hören! O, wir wissen immer schon eine Lösung! Wir haben so schnell eine Antwort. Während der andere noch stammelnd um seine Not ringt, haben wir ihn schon mit unserer Patentlösung „zugedeckt" und sein Seufzen erstickt. Wenn wir doch viel mehr hören könnten!

In die Tiefe hören! Ich habe es selten erlebt, daß einer schon gleich mit seiner eigentlichen Not kommt. Es kann einem passieren, daß man stundenlang über eine Frage spricht und die eigentliche Not ist noch gar nicht zur Sprache gekommen. Da fragt dich einer über irgendeine Wissensfrage, und während ihr euch noch über diese Frage abquält, liegt die eigentliche Not unausgesprochen da, daß der Arme mit seinen Trieben nicht fertig wird. Hören können! Wirklich immer wieder still hören können, was der andere eigentlich bei mir abladen will.

g) Auf keinen Fall dürfen wir die Sünde verkleinern und bagatellisieren. Das ist ein schlechter Dienst. Im Angesicht Gottes kann man die Sünde beim Namen nennen. Aber dann darfst du den, der sich dir anvertraut hat, zu Jesus führen. Dann darfst du in der Vollmacht des Heiligen Geistes einem erschrockenen Gewissen die Gnade zusprechen: Das hat der Heiland seinen Boten zugesichert: „Welchen ihr die Sünden vergeben werdet, denen sind sie vergeben."

h) Was Jesus übergeben ist, das ist abgetan. Der, der Beichte hört, muß schweigen können. Auch seinem besten Freund, auch seiner Frau darf er kein Sterbenswörtlein davon sagen. Wo auch nur im Geringsten das Vertrauen in der Beichte gebrochen ist, da stirbt alles weitere Beichten hoffnungslos.

Was würde das für eine Befreiung und Freude werden, wenn wir bei uns noch viel mehr Gebrauch machten von der Beichte.

In den bösen Jahren, die noch gar nicht solange hinter uns liegen, sprach ich einmal mit einem Bauern. Ich war der Meinung, daß unter allen Menschen es die Bauern in dieser Zeit am besten hätten. Die schienen ja so reich und sicher. Umso überraschter war ich, als mein Freund mir ein Herz voller Sorgen ausschüttete. „Wie", frage ich ihn, „habt ihr denn nichts zu essen?" — „O", antwortet er, „zu essen haben wir schon, aber uns fehlt's in diesem Jahr am Saatkorn."

Das war freilich eine böse Lage. Da liegt solch ein gesicherter Hof, der seit Generationen arbeitet und lebt, und bangt ganz einfach um das kommende Jahr, weil es am Saatkorn fehlt. Was hilft alle Geschäftigkeit der Knechte, alle Mühsal in Scheune und Hof, wenn man keine neue Saat hinauswerfen kann. Wohl lebt man von dem, was einem zugewachsen ist, aber der Bissen schmeckt einem nicht mehr, wenn plötzlich deutlich wird, daß es nicht zur neuen Saat kommen kann.

Manchmal kommt es mir vor, als wären wir mit unserer ganzen Arbeit in dieser Lage. Nein, verhungern muß man bei uns noch nicht; wir leben von einem reichen Erbe der Väter, und das Brot des Lebens wird unter uns kräftig ausgeteilt. Aber — und nun frage ich jeden persönlich mit heiligem Ernst — ist unter uns das Saatkorn noch da? Steht doch jetzt bitte einmal vor diesem Lebensgeheimnis still, daß man nicht einfach persönlich aufzehren darf, was einem zugewachsen ist, sondern ein gut Teil davon muß Saatkorn sein, das zu neuem Wachstum und zu neuer Ernte hinausgeworfen wird. Ist das Saatkorn noch da?

Du kannst ja nicht anders, du mußt mit mir Angst haben. Wir leben und zehren so sicher, wir nehmen ein, was uns dargereicht wird, aber es wächst so wenig Neues. Da könnte es ja wirklich sein, daß uns, während wir noch so wacker unsere Dinge tun, schon die Todesstunde unserer ganzen Arbeit gesetzt ist.

Das Wort Gottes ist unser Saatkorn. Dieses Wort Gottes wird

uns nur solange und soweit lebendig, als wir davon nicht nur selber leben, sondern es kräftig weitergeben zu neuer Saat und Ernte.

1. Das köstliche Geheimnis einer lebendigen Jungmännerarbeit

Neulich fuhr ich mit einem Kaufmann zusammen im Auto, der sich sehr für unsere Arbeit interessiert, ja, der schon so weit ist, daß er sich an vielem bei uns ärgert. Etwas erregt fragt er: „Was will denn nun dieser CVJM?" Ich erzähle ihm ganz schlicht, wie wir in dieser Zeit der Ratlosigkeit junge Männer zu Jesus führen, um ihnen einen festen und gewissen Halt fürs Leben zu geben. Etwas ärgerlich winkt er ab; er meint, damit könne man heute keinen jungen Mann mehr bewegen. „Wir müssen doch ganz modern werden, ganz modern!" Richtig! Die Sache, in die uns Gott gestellt hat, ist es wert, daß wir nicht in alten, ausgetretenen Geleisen und mit müde und stumpf gewordenen Methoden herumfuhrwerken. Ein Jungmänner-werk wird sich immer wieder neu überlegen müssen, auf welche Weise es nur irgendwie an junge Männer herankommen kann.

Und doch müssen wir bei der Sache bleiben, ganz klar bei unserer Sache! Ich war bei jener Autofahrt so dankbar, daß wir in unserer „Pariser Basis" eine feste Regel haben, nach der wir unsere Arbeit tun dürfen. Auch heute noch weiß ich kein anderes Ziel für unsere Arbeit als dies eine, „junge Männer miteinander zu verbinden, die Jesus Christus als ihren Gott und Heiland nach der Heiligen Schrift bekennen." Und ebenso weiß ich keinen anderen Weg als den, daß die, die Gott ge-rufen hat, „gemeinsam danach trachten wollen, das Reich ihres Meisters unter jungen Männern auszubreiten".

Laßt euch doch nicht das Ziel verwirren! Darin liegt die ganz große Verheißung unseres Dienstes, daß junge Männer Zeugen Jesu werden. Davon lebt unser Werk bis zur Stunde, daß dies Geheimnis unter uns geschieht. Ich war neulich in einer Berg-arbeitergemeinde. Ich war ganz überwältigt, welch ein blühen-der Jungmännerkreis dort an der Arbeit ist. An der Spitze steht ein junger Mann, der mit glühender Liebe den Dienst tut. In einer stillen Minute frage ich ihn, wie er denn in diese Arbeit hineingekommen sei. Da erzählt er mir, er habe dieser ganzen Sache völlig fern gestanden. Nun war aber in der dortigen Gemeinde einmal ein Treffen und in das Haus war einer unserer jungen Mitarbeiter gekommen. Der hatte unserem Freund keine Ruhe gelassen, bis er ihn trotz allen Sträubens mitbekommen hatte. Dort hat ihn dann der Herr zu seinem Eigentum gemacht. Und was er an Freude und neuem Leben empfangen hat, das gibt er einer Schar von jungen Mitarbeitern weiter.

Ihr selbst, meine Brüder, ihr müßt es weitersagen, was ihr an Jesus habt. Mitarbeiter sein heißt v e r k ü n d i g e n m ü s - s e n! „Wir können es ja nicht lassen, daß wir nicht reden sollten von dem, was wir gesehen und gehört haben" (Apg. 4, 20).

2. Es gehört dazu!

Ja, das möchte ich euch allen ins Herz und ins Gewissen hineinrufen: Es gehört dazu, daß ihr Zeugen seid! Wenn eine Jungmännerarbeit nur noch daraus besteht, daß sie sich anpredigen läßt, dann kann sie sich bald begraben lassen. Ihr müßt das Wort sagen und gemeinsam danach trachten, mit diesem Wort das Reich unseres Meisters unter jungen Männern auszubreiten.

Ihr müßt es sagen in eurer Familie und unter euren Kameraden, ihr dürft es nicht verschweigen an eurer Arbeitsstelle, ihr müßt euch Kraft schenken lassen, das zu tun, was jedem jungen Mann zunächst gegen alle Natur ist. Ihr müßt das Wort von Jesus sprechen.

Ihr müßt es vor allem auch tun im Kreis. Wir wollen ganz gewiß nicht unserer Kirche und unseren Pfarrern ihre Verantwortung für die Verkündigung abnehmen, aber es gehört zum Wesen der Gemeinde, daß das Zeugnis von Jesus nicht das Monopolrecht einzelner weniger ist. Was wäre das für eine Verarmung! Jeder Mann, in dessen Leben Jesus hineingegriffen hat, muß davon zeugen.

Ich schreibe diese Zeilen mit sehr bewegtem Herzen. Ich wollte nur, ihr würdet alle jetzt einmal vor der Frage still stehen, ob ihr in eurem Zeugendienst treu gewesen seid.

Es gibt soviel Flucht vor diesem Dienst, schmähliche Flucht! Ganz sicher gibt es Menschen, denen das Wort nicht so leicht fällt, vielleicht sogar solche, die es überhaupt nicht sagen können. „Ein jeder diene mit der Gabe, die er empfangen hat." Aber sagst du das nicht doch zu schnell, du könntest nicht reden? Man findet sich dann schließlich damit ab, daß ein paar im Kreis seit Jahren das Wort in der Bibelstunde sprechen. Es sind immer und immer wieder dieselben. Und nun hat sich schon längst eine solche Müdigkeit über die Bibelstunde gelegt, daß keiner mehr eine herzhafte Neubewegung davon erwartet. Vielleicht macht ihr es auch so, daß ihr einfach euren Pfarrer ruft und ihm das alles überläßt. Ganz sicher sind wir dankbar, wenn unsere Pfarrbrüder uns im Dienst der Verkündigung helfen, aber laßt ihn dabei bitte nicht allein. Ihr selbst müßt den Mund aufmachen! Warum ist das denn so wichtig?

a) Zunächst einmal für dich selbst. Weißt du, wenn man über ein Wort reden muß, dann merkt man erst, was einem sonst gar nicht aufgegangen ist, was man so noch gar nicht verstanden hat. Erst als ich versuchen mußte, dies Wort anderen deutlich und eindrücklich zu machen, fing dieses Wort an, mit ganzer Kraft an mir zu arbeiten. Unser Gott läßt sich nichts schenken. Wenn du in den Dienst seines Wortes trittst, dann wird dies Wort dein Diener und macht dein Leben unsagbar reich.

b) Es gehört zum Leben in der Gemeinde, daß der ganze Reichtum sich entfaltet. Aus vieler Zeugen Mund soll dies Wort lebendig werden. Es ist wie ein Sterben über dem Leib Christi, wenn die mannigfaltigen Glieder nicht mehr tätig und wirksam sind. Ein Jungmännerkreis wird soviel Leben haben, als Stimmen mannigfaltigster Art darin laut werden.

c) Die Welt braucht dieses Zeugnis. Ihr wißt, ich bin gern Pfarrer und freue mich daran, daß mich Gott dies Amt haben läßt. Aber ich weiß ebenso gut, daß es eine Fülle junger Männer gibt, die mir das Wort nicht abnehmen, weil sie vor dem Pfarrer zunächst Angst und Mißtrauen haben. Was bedeutet es da, wenn nun ein junger Autoschlosser oder Kaufmann, ein Schüler oder Handwerker dies Wort bezeugt. Es wird alles viel eindringlicher, wenn ihr in diesem Zeugendienst mithelft.

Ich hatte einmal in der Vorstadtgemeinde einer großen Stadt einen Vortrag zu halten. Es wird mir unvergeßlich sein, wie in der überfüllten Kirche nach meinem Vortrag ein Mann aufstand, nach vorn kam und folgendes Wort an die Gemeinde richtete: „Ich bin ab heute euer neuer Arzt, den die meisten noch nicht kennen. Ich freue mich, wenn ich euch helfen darf. Aber heute abend möchte ich etwas anderes sagen: Was dieser Mann auf der Kanzel gesagt hat, das stimmt!" Und nun legte er ein ganz schlichtes Zeugnis von Jesus ab. Ich spürte unter der atemlos lauschenden Menge, daß dies kurze Zeugnis des Arztes das durchschlagende Wort des Abends war. Warum schweigt ihr denn so, meine Brüder? Bewegt euch denn die Sache Jesu nicht mehr? Ihr müßt helfen, sein Wort zu sagen!

d) Ein Wort an die, denen es so schwer fällt. Wir haben eine Reihe junger Leute unter uns, von denen geht unwillkürlich ein Schwung aus. Die wissen auch ihr Wort zu machen. Auf den ersten Blick meinen wir immer, sie seien es, die vor allem den Dienst unter uns tun sollten. Die anderen, denen das Wort nicht so leicht über die Lippen kommt, werden umso mehr stumm und schweigen lieber. Ich habe aber nun eine ganz seltsame Entdeckung gemacht, die mich mehr und mehr bewegt: Wir finden oft wenig bleibende Frucht von denen, die das alles so leichthin tun können. Aber da finde ich Brüder, die sich unendlich quälen müssen, bis sie nur ein Wort wirklich gesagt haben. Und ihnen schenkt auf einmal der Herr reiche Frucht. Wir sollten über dies Geheimnis nachdenken. Offenbar sind sie gesegneter, weil sie mehr beten und im Ringen viel mehr auf den Herrn und seine Wundertaten warten müssen. Der junge Mose wehrte sich auch bei seiner Berufung, er könne nicht reden, er habe eine schwere Zunge. Ihm ging es genauso wie all den jungen Männern heutzutage. Da hat ihm Gott geantwortet: „Ich will mit deinem Munde sein und dich lehren, was du sagen sollst." Bruder, laß dir's gern sauer werden!

3. Wie muß ich das nun tun?

Noch einmal: Unser Zeugnis muß überall laut werden: Zu Hause und im Beruf, an der Arbeitsstelle und auf der Straße. Mich bewegt aber heute nun ganz besonders euer Verkündigungsdienst im Verein. Dazu einfach ein paar Faustregeln.

a) Jeder muß mitmachen, auch der Turn- und Sportwart und der Leiter des Posaunenchors. Man kann nicht irgendeinen

Dienst tun, ohne daß wir dabei den Blick auf unseren Herrn hin öffnen. Erklingt der Name Jesu bei euren Spielabenden, auf dem Turnboden und auch in den Chorstunden?

b) Ich kann nur weitergeben, was mir selbst gegeben wurde. Das scheint mir der entscheidende Punkt zu sein. Hast du eine Botschaft? Du solltest nicht langweilige und feierliche Reden halten. Aber das solltest du ganz schlicht und einfach weitergeben, was dir Jesus wichtig und deutlich gemacht hat. Oder hast du keine Geschichte mit Jesus? Dann käme freilich an dieser Stelle der gefährlichste Schaden heraus.

c) Wenn du eine Andacht oder die Einleitung zur Bibelstunde halten darfst, dann mußt du dich gründlich vorbereiten. Nur nichts aus dem Ärmel schütteln, sonst kommt das Unterfutter mit heraus, und das sieht nie gut aus. Es ist merkwürdig, daß immer noch viele unter uns meinen, das sei nicht nötig. Ohne gründliche Vorbereitung geraten wir ins Geschwätz und reiten unsere Lieblingsideen und Steckenpferde.

Es würde hier zu weit führen, wollte ich dir jetzt ausführlich von der Vorbereitung schreiben. Nur nimm bitte die paar Regeln an. Vorbereitung heißt reden mit Jesus. Vorbereiten heißt hinhören, was Er mir aus seinem Wort heraus gibt. Ohne Stille und Hören kein Dienst am Wort. — Darum mußt du viel beten, wenn du reden willst.

Und nun nimm dir Zeit, einmal zu fragen, was wirklich im Text steht. Hast du jedes Wort wirklich verstanden? Auch was hier von der „Sünde" und von der „Gnade" und was hier vom „Glauben" steht? Jedes Wort muß dir selbst ganz klar sein. Mir sagte einmal ein Professor: „Nur was du einem Kinde' klarmachen kannst, hast du selbst verstanden."

Zur rechten Vorbereitung gehören nun zwei Fragen:

1. Was muß ich weitergeben? Laß dir aus dem Wort heraus schenken, was du dringlich weitersagen mußt.

2. Wie muß ich es weitersagen? An der Stelle möchte ich manchmal verzweifeln. Wenn unsere jungen Männer anfangen, Andachten und Bibelstunden zu halten, dann reden sie nicht nur wie Pastoren, sondern wie Bischöfe und Erzbischöfe. Redet doch in eurer Sprache! Du mußt dir bei der Vorbereitung

zur Bibelstunde vorstellen, du müßtest diesen Text jetzt deinem Arbeitskollegen erzählen und so, wie du mit ihm sprichst, so rede auch in der Bibelstunde. Das kann Gott segnen.

Streu deinen Samen aus, dann laß Gott sorgen.
Er läßt ihn wachsen fein zum Erntemorgen.

WO IST DEIN BRUDER?

War das ein Hallo, als wir nach Rückkehr in unsere Unterkunft Berge von Post fanden, auf die wir so lange hatten warten müssen. Überall strahlende Gesichter: Post von zu Hause! Da sah ich, wie sich mein Kamerad Gerhard in eine dunkle Ecke verdrückte und fassungslos weinte. Als wir ihn fragten, warum er denn so verzweifelt sei, kam es heraus: Sein einziges Töchterlein war gestorben. Einer fragte still: „Du, war es denn schon lange krank?" Da antwortete der Kamerad: „Seit 8 Wochen bangen wir um sein Leben." Seit 8 Wochen hatte der Kamerad einen schweren Druck auf dem Herzen und keiner von uns hat es gemerkt! Niemand hat ihm einmal ein gutes Wort in seine große Sorge hineingesprochen. Kannst du dir denken, wie mich das auf einmal bedrückt hat? Wenn das einmal in der Ewigkeit herauskommt, wie viele Menschen neben uns an Sorgen und Sünden, an Schäden Leibes und der Seele leiden, die wir mit ihrem Kummer ganz allein gelassen haben, dann wird ein Schämen anheben, dessen Ausmaß wir uns gar nicht vorstellen können. Was meinst du, wie die alte Frage des lebendigen Gottes dich und mich verklagt: „Wo ist dein Bruder Abel?" Darum gibt es ein stilles Heiligtum in unserem Leben, das zum Größten gehört, das Gott uns bereitet hat: der Dienst des Bruders am Bruder. Darum ist Gemeinschaft um Jesus etwas so unendlich Reiches, weil dieser Dienst geschehen kann. Aber darum kann kein noch so umfassendes und schönes Programm darüber hinwegtäuschen, daß es oberfaul bei uns steht, wenn dieser Dienst am Bruder nicht mehr geschieht. Ich sah neulich einen herrlichen Baum, aber der Besitzer des Waldstückes sagte, er werde ihn bald fällen müssen, denn im Innern sei er hohl und sein Mark sei angefressen. Ich fürchte, so sieht es bei uns sehr oft aus, weil dies innerste Heiligtum so verwüstet und leer ist. Wie brauchen wir wieder den Dienst des einen am andern.

1. Herr, gib ihn mir zur Beute!

Es war auf einer jener bewegten Freizeiten nach dem Krieg, in der wir so viele Heimkehrer bei uns hatten, die noch erfüllt waren von dem Erleben von Krieg und Gefangenschaft. Am ersten Abend sollte jeder sagen, was er von dieser Freizeit erwartet. Da stand einer auf und sagte uns, er habe früher einmal eine Verbindung mit Christus gehabt, aber im Krieg und vor allem in der Gefangenschaft sei ihm alles zerbrochen, er könne nicht mehr glauben. Jetzt sei er nur gekommen, um noch einmal zu hören, ob es für ihn noch etwas gäbe, was er ernst nehmen könne. Uns hat dieses Wort alle sehr bewegt. Darum freute ich mich so, als am Schluß dieser Eröffnungsversammlung ein Bruder aus dem Kreis derer, die uns eingeladen hatten, zu mir kam: „Herr Pastor, den einen überlassen Sie mir, der soll zu mir ins Quartier kommen. Ich habe das schon mit Jesus besprochen und Ihn gebeten: Herr, gib ihn mir zur Beute." Was in den 8 Tagen in dem Quartier geschehen ist, weiß ich nicht; aber eins weiß ich, daß am letzten Tag der Freizeit jener junge Mann aufstand und ein fröhliches Zeugnis von Jesus ablegte.

Das kann ja durch gar nichts anderes ersetzt werden, daß ein Bruder plötzlich die Not des anderen so aufs Herz nimmt, daß er vor Gott um ihn ringt, wie man dem Feind eine Beute abjagt. Das ist durchaus nicht selbstverständlich. In Apostelgeschichte 9 wird uns erzählt, wie der Verfolger der Gemeinde Jesu, Saulus, von Christus herumgeholt wurde. Welch eine unerhörte Wandlung, daß aus dem Verfolger ein Zeuge Jesu wird. Mit welchen Gefühlen mag der junge Saulus zum erstenmal das Lokal der Gemeinde in Jerusalem betreten haben. Da steht aber nur der Vers: „Da aber Saulus gen Jerusalem kam, versuchte er, sich zu den Jüngern zu tun. Sie fürchteten sich alle vor ihm und glaubten nicht, daß er ein Jünger wäre." Das hätte also geradesogut in einem heutigen Kreis passieren können. Da tritt ein Neuer herein, der bisher in einem Leben voll Feindschaft wider Christus gelebt hat. Wie wartet der wohl auf den Bruder, der ihm jetzt weiterhelfen soll. Aber da ist nur Kühle, nur ein stillschweigendes Abschließen, da ist keiner, der dem kämpfenden und ringenden Bruder zur Seite tritt.

Versteht ihr, um was es geht? Dem innersten Wesen nach ist alle Gemeinschaft um Jesus eine Seelsorgegemeinschaft, wo alle die, die mit Jesus etwas erfahren haben, wissen, daß jede Gabe auch eine Aufgabe ist; so wie sich Jesus um mich gekümmert hat, will ich mich um den Bruder kümmern. Und wenn dem einsamen Bruder etwas mangelt, dann lähmt das mein eigenes Glaubensleben. „So mahnt sein Kreuz auf Schritt und Tritt: Nimm doch auch deinen Bruder mit!"

2. *Warum will das denn bei uns gar nicht klappen?*

Wenn etwas faul steht, dann muß man nach den Gründen fragen, nur so kann der Schaden geheilt werden.

a) Sind wir wirklich überzeugt? Ich meine das ganz ernst: Sind wir wirklich überzeugt davon, daß in keinem anderen Heil ist als in dem Namen Jesu, daß also ein Mensch rettungslos verlorengeht, wenn er diesen Jesus nicht findet? Wenn du bei einem Marsch durchs Gebirge einen Wanderer sähest, der sich verirrt hat und nun in Gefahr steht, mit wenigen Schritten abzustürzen, würdest du dann nicht alles tun, ihn von seinem Weg zurückzureißen? Du könntest es doch nicht ansehen, daß er blindlings dem Abgrund entgegengeht. Und sollte dir das je passiert sein, könntest du keine Nacht mehr ruhig schlafen, weil du an einem Menschenleben schuldig geworden bist. Sind wir wirklich überzeugt davon, daß jeder, der an Jesus vorbeigeht, geradewegs dem Abgrund entgegeneilt? Wenn wir das besser wüßten, dann könnten wir nicht mehr so ruhig schlafen über der Not des Bruders!

b) Wir sind so viel mit uns selbst beschäftigt. Die grauenhafteste Nacht, die unser Herr miterlebt hat, war wohl jene, in der Er von Gethsemane durch lauter quälende Verhöre zum Kreuz auf Golgatha ging. Davon bin ich wirklich überzeugt, daß es bei jenem Gang absolute Notwendigkeit war, sich ganz auf die Kreuzesaufgabe zu konzentrieren. Da war der Herr wirklich ganz mit sich selbst beschäftigt. Aber stell dir doch vor: In dem Augenblick, da Er von einem Verhör zum anderen geschleppt wird, hat Er noch Zeit, einen Blick zu dem so sehr gefährdeten Petrus zu werfen. In dieser Stunde hält der Herr noch seine Brüder, daß sie nicht verlorengehen. Und in der Qual des entsetzlichen Kreuzestodes hat der Herr noch Zeit, den verlassenen Schächer zu sehen und zu trösten. Das will ich von Jesus lernen, daß es keine Stunde und keine Not gibt, in der ich nicht noch Zeit hätte, nach dem Bruder zu sehen. Wahrscheinlich würde ich auch meine eigenen Sorgen ganz anders tragen, wenn ich noch einen Blick hätte für den, der neben mir viel schwerere Last zu tragen hat.

c) An diesem Jesusblick fehlt es. Das ist wirklich der entscheidende Punkt, daß wir aus lauter Geschäftigkeit und allzu vielem Beschäftigen mit uns selbst schon einfach nicht den Blick haben für das, was den Bruder bekümmert. Lies doch einmal das Ende von Matthäus 9. Da zieht eine festliche Volksmenge zum Tempel. Jeder, der das sah, wird wohl begeistert gewesen sein über diese frommen Leute. Nur ein einziger sah etwas ganz anderes: „Da Jesus das Volk sah, jammerte ihn desselben, denn sie waren verschmachtet und zerstreut wie die Schafe, die keinen Hirten haben" (Matth. 9, 36). Wer dem Bruder helfen will, muß unablässig um die rechten Heilandsaugen flehen, daß wir einen Blick dafür bekommen, daß gerade der, von dem wir es am wenigsten vermuten, im Grunde nach Hilfe schreit.

d) Es fehlt ganz einfach an der Liebe. Geht es dir nicht auch so, daß wir uns ganz gern um die kümmern, die uns „sympathisch" sind? Aber einfach bankrott machen wir an denen, die uns so auf die Nerven fallen. Wie werden wir ungeduldig, wenn der andere so blöde daherredet. Wie werden wir hart, wenn uns seine Art nicht gefällt. Wenn wir doch in jedem Augenblick behalten würden, daß gerade diese Unsympathischen ganz besonders einen Heiland und darum auch einen Bruder brauchen. Wenn wir es doch nie vergessen wollten, daß wir selbst sicherlich unsrem Herrn nicht sympathisch sind. Und trotzdem hat Er sich in unendlicher Geduld um uns gekümmert. Wenn wir doch mehr Liebe hätten!

3. Fünf bewährte Regeln

a) Nur ja keinen loslassen! Bei einem großen Mitarbeitertreffen war unter den liegengelassenen Hüten, Bleistiften und ähnlichen Dingen ein Notizbüchlein liegengeblieben. Darin stand zwar nicht der Name des Besitzers, aber eine Fülle von Anschriften. Seite um Seite waren da Namen und Straßen verzeichnet. Anhand dieser Straßennamen war es nun doch möglich, das Notizbüchlein seinem Besitzer zuzustellen. Als ich ihn fragte, was denn das für Anschriften seien, sagte er mir, das seien die Anschriften von allen jungen Männern, die einmal im Jungmännerkreis aufgekreuzt seien. Ich glaube, daß nichts so wichtig ist als solch ein Notizbüchlein und natürlich der dazugehörige Mann, der nun auch die Besuche macht. Keiner, der einmal in unserem Blickfeld aufgetaucht ist, sollte je wieder losgelassen werden. Ob da nicht etliche auch in deiner Nähe stehen, denen du einmal still nachgehen solltest?

b) B i t t e k e i n e n Ü b e r f a l l. Es ist ja merkwürdig, wie wir rauhen Männer an dem einen Punkt über die Maßen empfindlich sind. Nirgendwo muß unser Herz so behutsam angefaßt werden wie da, wo es um unseren Glauben geht. Ich habe es mit großer Traurigkeit je und dann erlebt, wie ein zu harter und rascher Überfall Türen verschließt und nur umso fester verrammelt, daß sie nachher kaum mehr aufzuschließen sind.

c) W e r h e l f e n w i l l, m u ß w a r t e n k ö n n e n. Das ist eigentlich meine wichtigste Erfahrung in der Seelsorge. Das liegt nicht in unserer Hand, wenn wir einem jungen Menschen helfen können. Das muß alles erst reif werden, und Gott selbst muß die Stunde und die Gelegenheit zubereiten. Im Soldatenstand habe ich sehr deutlich gemerkt, daß ich nicht einfach unentwegt auf meine Kameraden einreden kann. Aber damals habe ich das Gebetlein gelernt: „Herr, schaffe mir doch Gelegenheit!" Wie habe ich mit diesem Gebetlein oft wochen-, ja monatelang neben einzelnen Kameraden gestanden, bis dann Gott die Gelegenheit gab. Ich glaube, daß für den Dienst vom Bruder zum Bruder nichts so wichtig ist als dieses geduldige Ausharren auf die Stunde Gottes.

d) A b e r b e r e i t s e i n i s t a l l e s. Ich sage diesen Satz vom Wartenkönnen nur mit größter Sorge; denn bei dem Warten passiert es uns allen nur zu leicht, daß es uns geht wie jenen Jungfrauen, die auf den Herrn warteten. Sie sind alle über dem Warten eingeschlafen. Aus dem geduldigen Warten wird träges Zuschauen und schließlich müdes Laufenlassen. Es fällt uns offenbar gar nichts so schwer, als zu warten, wie ein Wächter wartet, bis das Signal zum Eingreifen kommt.

Dazu kommt, daß die entscheidenden und wirklichen Gelegenheiten eben immer dann kommen, wenn es mir gar nicht paßt und wenn ich sie gar nicht vermutet habe. Das ist oft entsetzlich ärgerlich. Wenn ich aber dann nicht bereit bin, dann kommt vielleicht die Gelegenheit so nie wieder.

e) Mut zum brüderlichen Gespräch! Der Satz von dem Warten ist so wichtig, daß ich nichts davon abbrechen möchte. Und trotzdem kann man zu lange warten. Hier beginnt eben die entscheidende Kunst, deren Spielregeln allein in der rechten Liebe zum Bruder gewonnen werden. Wir sollten, wenn uns Gott die Freudigkeit gibt, einmal einen Kameraden zur Seite nehmen und ihn ganz offen auf seine innere Not hin ansprechen.

Und dann sprich um alles in der Welt nicht so von oben herunter! Nimm die Nöte des Bruders, mit dem du redest, ganz ernst. Höre ihm doch einmal zu und rede ihm nicht soviel dazwischen. Ich denke, daß du dir im Gebet die rechte Weisheit holen kannst, „mit den Müden zu reden zu rechter Zeit".
Laß dich durch diese 5 Regeln nicht zu sehr einengen. Wir wollen uns im Gebet eine brennende Liebe zum Bruder schenken lassen, dann wird uns Jesus schon recht leiten. Nur ja die Augen aufmachen und keinen zurücklassen!

DER BRUDER DRINNEN

Zu jeder Mitarbeitertagung gehört das Thema: Der Bruder d r a u ß e n. Und das mit Recht! Wir sollten noch viel öfter davon sprechen, daß da draußen vor unserer Tür ein Bruder steht, der schon lange auf uns wartet.

Aber ich habe manchmal den Eindruck, als ob wir darüber etwas anderes vergessen hätten, nämlich das, daß auch drinnen ein Bruder steht, der auf uns wartet, wahrscheinlich brennend wartet. Ja, wenn ich die Sache recht überlege, ist es sicherlich so, daß unser Dienst am Bruder draußen darum so entsetzlich kümmerlich ist, weil es schon lange nicht mehr klappt mit dem Bruder drinnen.

1. Die neue Heimat

Wenn ich die Apostelgeschichte lese, dann wird mir das Herz sehr fröhlich. Da stehen Menschen vor uns auf, die es wahrhaftig nicht leicht gehabt haben. Und trotzdem liegt über allem eine unsagbare Freude. Ich meine immer, über allem stünde eine fröhliche Klammer, und die heißt so: „Die Menge aber der Gläubigen war ein Herz und eine Seele." Man spürt es da Satz um Satz, daß das Gebet des sterbenden Heilandes nicht vergeblich gewesen ist: „Auf daß sie alle eins seien, gleichwie du, Vater, in mir und ich in dir. Auf daß auch sie in uns eins seien, auf daß die Welt glaube, du habest mich gesandt."

Es ist doch einfach Tatsache, daß sich die heidnische Umgebung an den jungen Christengemeinden zwar maßlos ärgerte, aber dennoch immer wieder voll Staunen feststellte: „Wie haben sie einander so lieb." Wer zu Jesus kommt, steht nicht mehr allein. Er wird eingepflanzt in die große Gemeinschaft der Jünger Jesu, in die Gemeinde des Herrn, in den Leib des auferstandenen Christus. Laßt mich hier einmal ein paar Punkte nennen, die mir dabei so wichtig erscheinen:

a) „Dem leben sie, der sie mit Blut erkauft."
Wenn ein paar ältere Damen sich gegenseitig so sympathisch finden, dann bilden sie ein Kaffeekränzchen; und wenn ein paar ehrbare Männer Vorliebe für die Ziegenzucht haben, dann muß ein Ziegenzuchtverein her. Darum geht es in der Gemeinde Jesu nicht. Uns verbindet das gar nicht, daß wir einander so sympathisch wären. Es könnte ja sein, daß neben mir gerade einer sitzt, der mir entsetzlich auf die Nerven fällt. Und trotzdem gehören wir zusammen. Warum denn? Darum ganz allein, weil es einen Heiland gibt, der uns grade so, wie wir sind, lieb gehabt und uns miteinander errettet hat. Darum gehören wir zusammen, weil wir aus dem Meer der Verlorenheit durch eine starke Hand herausgerissen worden sind: „Einer ist euer Meister, Christus, ihr aber seid Brüder." Je näher bei Jesus, desto fester und gewisser bei den Brüdern.

b) Sie zwingt der gleiche Befehl. Was war das schon gleich im Anfang für eine unterschiedliche und eigentlich gar nicht zusammengehörige Schar; aber der Herr hat sie alle unter ein Kommando genommen: „Ich sende euch!" Damit waren sie alle unter das gleiche Joch gespannt und in die gleiche Aufgabe gestellt. Weil derselbe Herr die eine große Aufgabe stellt, darum ziehen Jünger Jesu an einem Strang.

c) Sie beten füreinander. Ist dir schon einmal aufgefallen, was uns Apostelgeschichte 12 erzählt? Da wird der Petrus, der seit Tagen im Gefängnis sitzt und auf sein Todesurteil wartet, mitten in der Nacht durch einen Engel Gottes freigemacht. Nun steht er in der mitternächtlichen Stille plötzlich befreit auf dem Marktplatz, und ohne Besinnen geht er zum Versammlungshaus der Gemeinde. Er muß doch wohl gewußt haben, daß die Brüder nicht schlafen können, sondern für ihn vor Gott eintreten. Herrliches Geheimnis der Gemeinde Jesu! — Und ebenso hören wir von dem gefangenen Paulus. Als dieser Paulus den 2. Timotheusbrief schrieb, war er in einer unvorstellbar betrüblichen Lage. Quälende Haft, ständige Todesbedrohung, einsame Verlassenheit. Aber der gepredigte Apostel ist nicht untätig. Er schreibt seinem jungen Mitarbeiter Timotheus: „Ich danke Gott, ... daß ich ohne Unterlaß dein gedenke in meinem Gebet Tag und Nacht." Der Mann, der in dem Augenblick so viel mit eigener Not zu tun hatte, ringt vor Gottes Thron für seinen jungen Mitarbeiter. Was ist das wunderbar, wenn man in der Gemeinde unseres Herrn geborgen ist.

d) Sie stehen füreinander ein. An diesem Geheimnis buchstabieren wir ja bis zum heutigen Tage. Wir können nur mit tiefer Beschämung lesen, daß sie in jener ersten Christengemeinde ihr Hab und Gut verteilten und all ihren Besitz gemeinsam hielten. Stell dir doch vor, da war z. B. ein Mann namens Barnabas, der hatte einen Acker. Wer unter euch auch nur einen kleinen Streifen Land besitzt, der weiß, wie man darüber glücklich sein kann. Das ist eine gute Sicherung für böse Tage, wenn man solch einen Acker besitzt. Und plötzlich fällt dem Barnabas ein: Auch der Acker gehört ja nicht mir. Auch dieser Acker gehört ja Jesus. Und weil er Jesus gehört, gehört er den Brüdern. Weißt du, das war kein Programm und kein Gesetz in der Gemeinde, aber sie konnten es um Jesu willen einfach nicht mit ansehen, daß neben ihnen einer stand, der Not litt oder Mangel hatte. Daran bewährt sich die Gemeinschaft der Jünger Jesu.

2. Da stimmt etwas nicht

Man kann über all diese Dinge nur mit tiefer Wehmut reden, weil es einem fast vorkommt, als erzählte man hier ein „Märchen aus uralten Zeiten". Und doch ist der auferstandene Christus genauso gegenwärtig wie damals auch und seine Gemeinde genauso Wirklichkeit wie zu jenen Tagen.

Ich fürchte, es gibt in unseren Gemeinden und Kreisen mehr einsame und verlassene Leute, als wir nur ahnen. Hier beginnt unsere ganz offensichtliche Sünde, daß wir gern und viel von Jesus reden, und an dem Bruder, den Gott neben uns gestellt hat, gehen wir vorüber. Ich meine, diese Verlassenheit ganz deutlich an drei Punkten zu spüren.

a) Wir sind allein gelassen mit unserer Not. Hand aufs Herz: Vielleicht gehst du schon monate- oder jahrelang in einen Kreis, und doch hast du vielleicht noch keinen gefunden, der einmal über deine Not mit dir geredet hätte. Wie viele stehen ganz allein mit ihren erdrückenden Zweifeln, mit ihrer Not im Glauben und mit ihrem Kampf im Leben. Vielleicht war eure letzte Bibelstunde so wunderschön, daß ihr alle ganz erhoben wart — und neben dir saß einer, der ganz einfach Kohldampf hatte; aber er konnte es dir doch nicht sagen. Wir sind oft sehr solide in der Technik, unsere Arbeit vorwärtszutreiben, und dabei erstaunlich blind für den einen einzigen, der neben uns steht.

b) W i r   s i n d   a l l e i n   m i t   u n s e r e m   G l a u b e n. Sicher hast du schon Erfahrungen mit Jesus gemacht; aber dafür hat sich wohl noch keiner interessiert. Du hättest so gern einmal von deiner Freude gesprochen; aber das war grade nicht gefragt. Schritt um Schritt hast du dich allein durchplagen müssen.

c) W i r   s i n d   a l l e i n   i n   u n s e r e m   D i e n s t. Ich bin oft ganz unglücklich darüber, wie viele einsame Jungscharleiter jede Woche geben und geben müssen; wie viele Chorleiter um schwierige Chöre ringen müssen; wie viele Mitarbeiter ihren Weg gehen, und kein Mensch fragt auch nur ein einziges Mal, wie es in der Arbeit geht und wo die Schwierigkeiten liegen. Dieses völlige Verlassensein beim Ausrichten unseres Dienstes ist oft das bedrückendste.

Aber nun das Allerwichtigste in dieser Sache: Es kam einmal ein Mann zu Jesus und hat ihm die brennende Frage gestellt: „Wer ist denn mein Nächster?" Der Heiland hat ihm ganz schlicht die Geschichte vom barmherzigen Samariter erzählt und hat unmerklich, aber mit unheimlichem Ernst die Frage um 180 Grad herumgedreht: „Wem bin ich denn der Nächste?" Das Lied von der Einsamkeit singen wir alle gern. Hast du gemerkt, daß dein Bruder neben dir es noch viel tiefer seufzt? Hast du einen in seiner Not gesehen? Hast du mit einem Bruder seine Glaubenserfahrungen geteilt? Hast du auch nur einen einzigen deine Anteilnahme an seinem Dienst spüren lassen?

Nein, hier stimmt etwas nicht. Während wir noch über die herrlichen Erkenntnisse aus der Apostelgeschichte miteinander fröhlich sind, ist uns die Freude an der Gemeinschaft Jesu unter den Händen zerbrochen.

3. *Praktische Regeln*

a) „W e r   ü b e r w i n d e t . . ." In der Offenbarung wird in den Briefen an die Gemeinden immer wieder betont, daß die große Verheißung auf dem Überwinden liegt. Jünger Jesu lernen bei ihrem Herrn, daß sie überwinden können. Auch auf dem Weg zu brüderlicher Gemeinschaft muß viel überwunden werden. Unsere natürliche Art strebt auseinander; Fleisch und Blut haben gern Krach; unser alter Mensch sieht am liebsten nur sich selbst. Darum steht und fällt alles damit, ob wir im Aufblick zu Jesus überwinden können. Gegen unsere alte Natur müssen wir ein Ja zur Gemeinschaft sprechen. Wer überwindet!

b) G e m e i n s c h a f t   v e r l a n g t   B e s t ä n d i g k e i t. An diesem Punkt werden seltsame und geheimnisvolle Fäden aufgedeckt. Viele gehören zu unserem Kreis, aber ihre Teilnahme bleibt immer in einer gewissen Unverbindlichkeit. Sie kommen, übernehmen vielleicht einen Dienst, aber wenn etwas anderes los ist, können sie auch wegbleiben. Spürst du nicht, daß hier eine heimliche Untreue Jesus gegenüber vorliegt? Aber diese Untreue ist sofort auch gegen die Brüder gerichtet. Nichts vergiftet die Gemeinschaft so sehr wie unsere Untreue und Unbeständigkeit. „Ach, bleib mit deiner Treue bei uns, mein Herr und Gott."

c) A u g e n   a u f ! Ja, daran hängt es nun wohl. Wir müssen uns das von Jesus täglich erbitten und von ihm zeigen lassen. Der Priester und Levit im Gleichnis vom barmherzigen Samariter waren keine schlechten Leute, aber sie sahen den Bruder an ihrem Wege einfach nicht. Laß dir doch die Augen öffnen für den, der nun schon seit langer Zeit oder seit gestern neben dir in eurer Stunde sitzt. Sieh ihn doch, den einen Einsamen, der dich schon lange braucht. — Und zu den offenen Augen gehören offene Ohren, daß du das, was den Bruder bewegt, auch wirklich hören kannst.

d) Z e i t   h a b e n ! Keine Zeit ist so gut angewandt wie die, die wir für den Bruder übrig haben. Seltsam, daß wir dafür am wenigsten Zeit haben. Wie viele zarte Anfänge brüderlichen Zusammenfindens sind in unserer Gejagtheit und Hetze erstickt. Es gibt vieles, was du lassen kannst, aber für den Bruder mußt du einfach Zeit haben.

e) S t o ß e   d i c h   n i c h t   a n   d e n   O r i g i n a l e n ! In dieser Welt wird Gemeinschaft nur so hergestellt, daß alle gleichgehobelt werden. Und darum ist diese Welt mitten in den aufregendsten Ereignissen entsetzlich langweilig. Gott will das ganz anders. In der Schöpfungsgeschichte wird uns ausdrücklich erzählt: „Er schuf ein jegliches nach seiner Art." So geht es in der neuen Schöpfung unter Christus auch. Hier wachsen wieder Originale. Hört doch auf mit der Gleichmacherei und laßt nun auch einmal die Originale blühen. Das macht christliche Gemeinschaft im Volk Gottes so reich, daß hier jeder nach seinen Gaben und seiner Eigenart hin sich entfalten kann. Aber daran darf man sich nicht stoßen, sondern daran muß man sich freuen.

f) Ärgere dich nicht an den Schwächen der Brüder. Jeder von uns zahlt in die Gemeinschaft auch seine Fehler und Unvollkommenheiten mit ein. Es gibt eine Lieblingssünde der Christen, daß wir diese Schwächen des Bruders aufstöbern. Und sobald wir auch nur irgendeine entdeckt haben, beginnt ein Tuscheln und Schwätzen ohne Ende. O dies lieblose Geschwätz der Christen hinter dem Rücken des Bruders. Unser Heiland hat einmal sehr ernst gesagt: „Was siehst du aber den Splitter in deines Bruders Auge und wirst nicht gewahr des Balkens in deinem Auge? Du Heuchler! Zieh am ersten den Balken aus deinem Auge, darnach siehe zu, wie du den Splitter aus deines Bruders Auge ziehst." Ich möchte nicht gern, daß Jesus uns Heuchler nennen muß. Das heißt aber, daß unsere Gemeinschaft ganz neu werden muß.

Laßt uns nicht aufhören, um rechte Gemeinschaft zu ringen und dafür zu beten:

> Laßt uns so vereinigt werden,
> wie du mit dem Vater bist,
> bis schon hier auf dieser Erden
> kein getrenntes Glied mehr ist,
> und allein von deinem Brennen
> nehme unser Licht den Schein:
> also wird die Welt erkennen,
> daß wir deine Jünger sein.

AN JUNGE MITARBEITER PERSÖNLICH

Wenn unter der Fülle der Briefe mir die Post einen Brief bringt, auf dem ich das Wörtlein „persönlich" lese, dann spüre ich, daß solche Briefe besonders dringlich sind. So wende ich mich jetzt an all die jungen Mitarbeiter im Reich Gottes und an die, die Mitarbeiter werden wollen. Ich schreibe euch auch unter dem Kennwort „persönlich", denn es ist mir sehr dringlich, was ich euch sagen möchte. Laßt mich euch ein paar brüderliche Ratschläge geben:

1. Mut zum ersten Sprung!

Ich hatte das Glück, schon mit ganz jungen Jahren schwimmen zu lernen. Aber ich erinnere mich noch, wie ich zunächst gar keinen Mut hatte, zu springen. Immer wieder setzte ich an, aber still und verschämt bin ich dann wieder die Leiter heruntergegangen. Eines Tages stand ich wieder da oben und fand nicht den Mut zum ersten Sprung. Aber wie ich umkehren wollte, hatte mir einer die Leiter weggenommen. Nun gab es kein Zurück mehr. Mit dem ganzen Mut der Verzweiflung stürmte ich vorwärts und sprang. Ich höre noch, wie die Wasser um mich rauschten, und als ich dann im Wasser wieder hochkam, war ich so überglücklich; ich war gesprungen und nun hatte ich keine Angst mehr davor.

So kommt es mir vor, wenn junge Menschen vor dem Ruf stehen, eine Verantwortung zu übernehmen. Du hättest es ja ganz gern, aber im letzten Moment kommt ein Zögern, und dann springst du eben doch nicht. Wie viele unter uns wären schon lange reif, daß sie irgendein Amt übernähmen. Aber dieser Sprung aus dem Glied heraus, dieser Mut, in eine Verantwortung hineinzutauchen, der fehlt uns. So kommt es denn, daß sich einzelne Jahr um Jahr quälen müssen, und es liegt wie eine schwere Last über der ganzen Arbeit: keine Mitarbeiter! Jetzt möchte ich geradezu die Leiter hinter dir wegnehmen:

Faß den Mut, den ersten Sprung zu tun! Geh heute noch zu irgendeinem, der Verantwortung hat, und sage ihm, daß du jetzt mitarbeiten willst. Kein Zurück! Mut zum ersten Sprung!

2. Wer ist denn der Auftraggeber?

Nicht der Leiter irgendeiner Gruppe! Wir leben allesamt von einem viel größeren Geheimnis. Da war einmal ein junger Mann zum Gottesdienst in den Tempel gegangen. Er hieß Jesaja. Bei diesem Gottesdienst hatte er ein unerwartetes Erlebnis gehabt. Ihm begegnete der lebendige Gott. Das hat Jesaja das Herz so fröhlich gemacht, daß er meinte, er lebte gar nicht mehr auf der Erde. Aber mitten hinein in diese erhobene Stimmung kam die unausweichliche Frage: „Wen sollen wir senden? Wer will unser Bote sein?" (Jes. 6, 8). Der junge Jesaja spürte, daß es kein Ausweichen gab, und darum antwortete er demütig und gehorsam: „Herr, hier bin ich, sende mich!" Natürlich muß bei uns Ordnung sein, und Gott hat uns Ordnungen gegeben, durch die Ämter und Aufgaben verteilt werden. Aber über all diesen äußeren Ordnungen steht der Herr. Er verteilt die Aufträge, und Er allein gibt die Befehle. Ob nun einer Leiter wird oder die Liederbücher verteilt, ob einer den Schaukasten in Ordnung hält oder die Bibelstunde hält, sie stehen alle miteinander vor der gleichen Frage wie Jesaja, und in all den mannigfaltigen Aufgaben geht unsere Antwort an den Herrn persönlich: „Herr, hier bin ich, sende mich!" Nur so kannst du deinen besonderen Auftrag richtig ausfüllen. Nur so wird es richtig, wenn jeder und jeder, der bei uns mitarbeitet, weiß: Mich hat der Herr beauftragt, dem allein bin ich verantwortlich, vor dem muß ich aber einmal über meinen Dienst Rechenschaft geben.

Man muß übrigens nicht unbedingt ein besonderes Amt haben; einen Auftrag haben wir alle.

3. Gefahren des jungen Mitarbeiters

a) Aller Anfang ist leicht. Das ist kein Druckfehler. In der Welt mag es wohl heißen, daß aller Anfang schwer ist. Da wo Jesus regiert, ist ja alles auf den Kopf gestellt. Und darum heißt es für einen jungen Mitarbeiter wirklich, daß der

Anfang immer noch das leichteste ist. Aber gerade das ist so gefährlich. Jetzt kommen Enttäuschungen. Es klappt nicht so, wie wir uns das gedacht hatten; es treten plötzlich unerwartete Schwierigkeiten auf; vielleicht kritisiert uns einer, wo wir viel mehr auf Hilfe gewartet hatten. Schließlich haben wir ja auch alle ein Herz, das manchmal so träge wird.

Und dann kommt das, was ich bei so vielen jungen Mitarbeitern mit Kummer gesehen habe: Wir geben nach kurzer Zeit wieder auf. Nichts belastet unser Leben so sehr als die unvollendeten Ruinen gesegneter Anfänge Gottes. Unter keinen Umständen aufgeben, wenn es schwierig wird!

b) Wem Gott ein Amt gibt... Neulich sprach ich mit einem noch ganz jungen Jungscharhelfer. Es hatte ihn wohl besonders gefreut, daß er eine Gruppe in der Jungschar zur eigenen Verantwortung bekam. Er hatte sich wohl mit großen Hoffnungen und mit heimlicher Vorfreude auf die erste Stunde gerüstet. Aber ganz bestürzt kam er aus dieser ersten Schlacht zurück: Er war viel zu früh mit der Stunde fertig geworden; bei der kurzen Andacht hatten einige gelacht. Kurzum, es hatte Schwierigkeiten gegeben, die vorher gar nicht einkalkuliert waren. Ganz bestürzt sagte er jetzt: „Ich kann das einfach nicht, ich halte keine Stunde mehr." So schnell kann ein fröhlicher Anfang zu Ende sein!

Natürlich kannst du das nicht. Das darfst du ruhig zugeben, daß du es nicht kannst. Aber das ist doch kein Grund, einen Auftrag wegzuwerfen. Stell dir doch mal vor: Als Paulus nach Korinth kam, hat er solche Angst vor seinem Auftrag gehabt, daß er die Nächte nicht schlafen konnte. Er wäre sicher am liebsten wieder abgereist, nur weil er ständig in seinem Herzen dachte: Ich kann das nicht, ich kann das nicht! Aber in solch einer Nacht hat dann Jesus neben ihm gestanden und hat dem Paulus zugeredet: „Fürchte dich nicht, rede und schweige nicht; denn ich bin mit dir..." (Apg. 18, 9). Du brauchst dich also nicht zu schämen, daß du Angst hast und daß du es einfach nicht kannst. Aber sage das nicht deinen Kameraden, sondern sage es Jesus. Jesus läßt dich nicht im Stich. In all unserem Unvermögen erleben wir erst richtig, was Jesus kann. „Wem Gott ein Amt gibt, dem gibt er auch den Verstand." „. . . daß mit zerbrochenen Stäben du deine Wunder tatst und mit geknickten Reben die Feinde niedertratst."

c) **Steh dir nicht selber im Wege.** Hand in Hand mit dieser Flucht aus Angst geht eine zweite Gefahr. Seltsamerweise sind die beiden, die zunächst große Gegensätze scheinen, eng miteinander verwandt und oft miteinander vermischt. Und diese andere Gefahr heißt so: Wir können schon alles; wir wissen genau, wie alles gemacht werden muß; wir wissen sogar alles viel besser als die, die vor uns gearbeitet haben. Manche junge Mitarbeiter gehen gerade so an die Arbeit, als ob mit ihnen die Welt neu anfinge. Es sind gefährliche Leute, die alles schon können. Die Folge ist in der Regel eine große Schaumschlägerei, aber keine Frucht. Wie oft erzähle ich unseren jungen Mitarbeitern eine der wichtigsten Geschichten aus der Vergangenheit. Als Graf Pückler seinen Jugendfreund Rothkirch überreden wollte, Jungmännerarbeit anzufangen, hat Rothkirch sich mit Händen und Füßen gewehrt, er könne das nicht. Daraufhin hat ihm Pückler das unvergeßliche Wort gesagt: „Daß du das nicht kannst, ist ganz gewiß. Weil aber Jesus die Leute gar nicht brauchen kann, die es können, darum mußt du gerade diese Aufgabe anfassen."

d) **Der Ehrgeiz ist auch noch nicht tot.** Warum ist eigentlich so viel Streit zwischen Mitarbeitern? Der Grund ist in der Regel, daß unser trotziges Ich, das so gern ein bißchen gelten möchte, nicht sterben kann. Das ist offenbar die grimmigste Gefahr aller Mitarbeiterschaft, daß der Ehrgeiz das verdirbt und verhindert, was Gott unter uns so gern tun wollte. Das schlimme ist das, daß man den Ehrgeiz immer nur beim andern sieht. Unser Ehrgeiz muß in den Tod, sonst geht es nicht vorwärts mit dem Reich Gottes. Wer nur je in die Mitarbeiterschaft hineinkommt, der lasse sich doch von Anfang an so führen, daß er sagt: Ich will für mich gar nichts, ich will auch für meinen Namen nichts, ich will gar nicht vorn stehen. Jesus allein soll im Mittelpunkt der Arbeit stehen.

e) **Was der Herr Amtmann nicht wußte.** Der originelle Pfarrer Johann Friedrich Flattich im Schwabenland hatte sich vor allem zur Aufgabe gesetzt, sich um schwierige, schwer erziehbare Jungen zu kümmern. Da brachte ihm eines Tages ein Amtmann seinen Sohn und sagte dabei seufzend, mit diesem Jungen sei es hoffnungslos; er habe schon alles probiert, aber es helfe wirklich gar nichts. Flattich fragte ihn ganz erstaunt: „Was haben Sie probiert? Wirklich alles? Was denn zum Beispiel?" Und nun zählte der Amtmann auf, wie er den Jungen ermahnt, zurechtgestoßen, verprügelt und eingesperrt habe. Und immer wieder fragte Flattich: „Und was noch?" Schließlich sagte der Amtmann: „Ja, was hätte ich denn noch tun sollen?" Da hat ihm dann Flattich gesagt: „Haben Sie denn schon einmal für Ihren Jungen gebetet?" Bestürzt schwieg der Vater. Das Wichtigste hatte er vergessen.

Ich fürchte, daß es in unserer Arbeit so viele „Amtmänner" gibt. Ihr tut alles und habt scheinbar nichts vergessen und das Wichtigste habt ihr doch unterlassen. Betet doch für euren Auftrag!

f) G i b u n s B e s t ä n d i g k e i t. Merke dir doch für dein Leben den Satz: Wir sind nie nach dem Erfolg gefragt, sondern allein nach unserer Treue. Unsere Arbeit wird nicht nach ihren Zahlen und nach äußeren scheinbaren Erfolgen beurteilt, sondern allein danach, ob wir treu sind.

Es gibt so schrecklich viel ungetreue Mitarbeiter, die ein Amt haben, es aber so lässig betreiben. Wie ein heimlicher Krebsschaden, der den Segen in unserer Arbeit verdirbt, ist die Untreue in unserer Mitarbeiterschaft. Unser Gott sagt mit heiligem Ernst und großem Erbarmen: „Meine Augen sehen nach den Treuen im Lande, daß sie bei mir wohnen."

4. Vom unermeßlichen Segen der Mitarbeit

Wir haben einen reichen Herrn. Der läßt sich nichts schenken. Er beschenkt uns. Wir meinen ihm zu dienen; dabei ist es so, daß er gerade darin uns dient. Wir mühen uns um andere und haben selbst den größten Segen dabei.

Das lernt ihr schon im Großen. Als die Christenheit anfing, sich um die Äußere Mission zu mühen, schien das ein Werk voller Mühsal und Opfer. Aber ein hundertfältiger Segen ist zurückgeflossen. Und als wir müde wurden zur Mission, haben wir nicht die draußen geschädigt, sondern uns selbst. Wir selbst sind dabei arm geworden.

Genauso ist das im persönlichen Leben.

a) I c h g e b e — m i r w i r d g e g e b e n. Kurz nach meiner Konfirmation nahm mich mein Vater beiseite und übertrug mir eine Gruppe im Kindergottesdienst. Ich war recht erschrocken und dachte, daß ich mit dieser Anstrengung gar nicht fertig würde. Ich kann es euch gar nicht aufzählen, wie ich dadurch gesegnet worden bin. Jeden Sonntag mußte ich eine biblische Geschichte erzählen. Ich hatte vorher natürlich gemeint, daß ich die alle kenne. Aber als ich mich jetzt drangeben mußte, sie zu erzählen, entdeckte ich, daß ich keine wirklich genau kannte. Diese Entdeckung war der erste Segen. Nun habe ich mich jede Woche um eine Geschichte besonders mühen müssen. Wie ist mir dadurch die Bibel lieb geworden! Das war der zweite Segen. Und es folgten viele andere nach. Wie wirst du selber reich, wenn du dich drangibst, andern etwas von Jesus zu sagen.

b) I c h h e l f e — m i r w i r d g e h o l f e n. Paulus hat einmal gesagt: „Geben ist seliger als Nehmen." Die Welt hält das für lächerlich. Nach ihrer Meinung ist nur der fein heraus, der ordentlich nehmen kann. Nein, für Jünger Jesu ist auch hier wieder einmal alles umgekehrt. Das Wort des Paulus stimmt seltsamerweise. Je mehr ich Zeit und Kraft und vielleicht auch mein Geld und Gut in den Dienst für Jesus stelle, umso glücklicher bin ich. Ich möchte dir geradezu einmal sagen: Erst dann kriegst du richtig Freude an Jesus, wenn du etwas für Ihn tust. Ein untätiges Zuschauerchristentum hat noch keinen fröhlich gemacht. Nur da, wo wir ganz im Dienst stehen, da öffnet Er sich ganz mit seinem Segen.

c) I c h s u c h e B r ü d e r — u n d s i e f i n d e n m i c h. Wie viele einsame junge Männer gibt es heute, junge Kerle, die fortwährend darunter leiden, daß sie ihre eigentlichen Nöte nicht loswerden. Viele meinen dann sogar: Erst wenn ich einmal richtig meine Nöte loswerde, dann will ich auch für den Dienst bereit sein. Der Fall liegt genau umgekehrt. Fang du einmal an mitzuhelfen, dann ist im selben Augenblick deine Einsamkeit durchbrochen, dann findest du Brüder, dann bist du in einen Lebenszusammenhang hineingestellt, der deine Einsamkeit zerbricht und dich sehr glücklich macht.

d) I c h s t e i g e h e r u n t e r — d a b e i w e r d e i c h e r - h o b e n. Mitarbeit heißt ständiges Herabsteigen, Heruntersteigen von der eigenen Bequemlichkeit, von dem Sich-Bedienen-Lassen, von unserem Stolz, der seine eigene Ehre sucht. Ach, auf allen Seiten muß man herunter. Aber hier liegt gerade das kostbarste Geheimnis: Je mehr wir mit Jesus heruntersteigen und sterben können, desto mehr erhöht er uns. Wie viele schlichte, demütige Männer Gottes habe ich kennengelernt, die darin brannten, die Schmach ihres Herrn zu tragen. Dabei waren sie Fürsten Gottes, die der Adel dieses Herrn umgab. Mitarbeiter Jesu zu sein ist wirklich eine adelige Sache. Es lohnt sich. Mach mit!

SOLL ICH BERUFSARBEITER WERDEN?

Es ist schon einige Zeit her, da saßen wir in der Deputation, dem Vorstand der Rheinischen Mission, zusammen. Da wurde uns der Tod eines mir bis dahin nur wenig bekannten Missionars Marks mitgeteilt. Ich habe den Mann seitdem nicht mehr vergessen können. Da wurde berichtet, daß vor Jahren dieser Missionar Marks als junger Schüler im Missionsseminar gewesen sei. Als man ihn auf seine Tropentauglichkeit untersuchte, wurde festgestellt, daß er unmöglich ausreisen könne, da er nicht tropenfähig sei. Es muß ein schwerer Augenblick gewesen sein, als dem jungen Marks diese Mitteilung gemacht wurde. Marks hat eine Weile darüber nachgedacht und hat dann erklärt, es sei ihm ganz gewiß, daß er ausreisen müsse. Er sei ja auf den Befehl Jesu Missionar geworden. Die Brüder haben abgewehrt, er werde ganz bestimmt nach kurzer Zeit krank werden. Dann werde man noch nicht einmal das Geld haben, um ihn nach Hause zu holen. Nach menschlicher Voraussicht müsse er in kürzester Zeit elend draußen umkommen. Marks ließ sich nicht irre machen. Es sei nicht so wichtig, wenn er umkomme, wichtig sei nur, daß er dem Befehl gehorsam sei; er müsse ausreisen. Schweren Herzens ließen ihn die Brüder die Fahrt übers Weltmeer antreten. Denkt euch, dieser Missionar ist bis ins 60. Lebensjahr in dem tropischen Klima Missionar gewesen, ohne einmal Urlaub zu nehmen.

Er ist dann durch einen Autounfall schwer verletzt worden. Noch als sie ihn auf den Operationstisch legten, bettelte er den Arzt an, er soll ihn doch so zurechtschienen, daß er am Sonntag predigen könne, er müsse predigen. Das war eins seiner letzten Worte. Mit diesem Brennen im Herzen, ein Bote Jesu sein zu müssen, ging der treue Knecht heim.

Wenn ich dies Bild vor Augen habe, dann möchte ich über unserem ganzen Jungmännerwerk beten: „O Herr, gib doch in deine Ernte viel Knechte, die in treuer Arbeit stehn!" Bei uns darf die Frage nicht einschlafen, ob ich nicht Berufsarbeiter werden soll. Wo Jesus wirkt, da brennt diese Frage.

1. Eine böse Lage

Warum finden sich heute so wenig junge Männer, die bereit sind, Berufsarbeiter zu werden? Wir müssen einfach einmal aussprechen, daß es sich immer mehr zur ganz großen Last unserer Christenheit auswächst, daß der Ruf nach gläubigen Theologen und Missionaren, nach bevollmächtigten Jugendwarten, Gemeindehelfern und Diakonen dringlicher wird. Aber die Schar derer, die sich melden, ist erschütternd gering.

Es kann doch nicht daran liegen, daß der Herr unter uns nichts mehr tut! Wir erfahren doch hin und her im Land, daß junge Männer Begegnungen mit Jesus haben und beginnen, ihr Leben in der Freude am Herrn zu führen. Warum fallen denn so wenig Entscheidungen, nun auch mit Freuden als Berufsarbeiter in irgendeiner Weise dem Herrn zu dienen?

Ganz gewiß wird eine lebendige Arbeit entscheidend von den Mitarbeitern getragen, die wir mit dem unbiblischen und damit unrichtigen Wort „Laien" bezeichnen. Dabei soll es auch unter allen Umständen bleiben. Aber die Größe und Weite unseres Dienstes verlangt Berufsarbeiter. Wir verstehen heute wieder die tiefe Klage Jesu: „Die Ernte ist groß, aber wenige sind der Arbeiter."

2. Gefährliche Mißverständnisse

Es scheint mir freilich gut, wenn wir von vornherein einmal ganz gründlich mit zwei Mißverständnissen aufräumen, die bis zur Stunde merkwürdig zäh unter uns umgehen:

a) B e r u f u n g , n i c h t a n g e n e h m e V e r s o r g u n g ! Neulich kam ein lieber Freund, ein Briefträger zu mir, der jetzt Berufsarbeiter werden wollte. Mir war nicht recht deutlich, warum jetzt. Schließlich kam heraus, daß es ihn geärgert hatte, daß er gerade in den Weihnachtstagen immer schon morgens um 6 Uhr die Briefkästen zu leeren hatte. Er wollte es jetzt auch einmal so gut haben wie der „Herr Jugendwart". Ihr könnt euch denken, wie ernst ich ihm zugeredet habe, daß er seinem Herrn am besten dient, wenn er treu und unentwegt auch weiterhin seine Briefkästen leert. Aber wie viele Bewerbungen hatten in den letzten Jahren eben doch als bestimmenden Hintergrund: Heimliche Sehnsucht nach besserer sozialer Stellung oder die Verlegenheit drohender Arbeitslosigkeit. Das ist unter keinen Umständen ein Grund, Berufsarbeiter zu werden. Das gilt für alle Arten von Berufsarbeiterschaft, für Pfarrer und Jugendwarte, Diakone und Gemeindehelfer. Ich möchte das allen jungen Männern sehr dringlich sagen, daß es zwar im Augenblick eine scheinbar leichte und angenehme Sache ist, Berufsarbeiter zu sein, aber es s c h e i n t das wirklich nur so. Wir müssen auch Berufsarbeiter sein können, wenn unsere Stellung gefährdet und unser Leben völlig ungesichert ist. Das könnte sehr bald der Fall sein. Wir können vor allem nur d i e Berufsarbeiter gebrauchen, die mit einem brennenden Herzen an diesen Dienst gehen und von vornherein wissen, daß es für sie keinen Achtstunden-Tag gibt. Ein junger Mann, der sich in diesem Dienst nicht verzehren will, sollte unter keinen Umständen Berufsarbeiter werden. „Er ist es wert, daß man Ihn ehrt und sich i n s e i n e m D i e n s t v e r z e h r t.“

b) G e h o r s a m, k e i n e f a l s c h e n E i n b i l d u n g e n! Das andere Mißverständnis, das ebenso gefährlich ist, liegt nun genau umgekehrt. Da meldet sich ein junger Mann, er wolle jetzt dem Herrn ganz dienen und Berufsarbeiter werden. Ach, wie oft höre ich dieses Wort von dem „ganz Dienen“. Dahinter mag ein freudiger und erfreulicher Beschluß liegen, und doch erfüllt mich jedesmal die Sorge, ob nicht dahinter die gottlose Vorstellung liegt, als gäbe es verschiedene Stufen und Klassen der Heiligung. Ein gläubiger Bäcker und ein für Jesus brennender Kaufmann dienen genau so g a n z unserem Herrn wie nur irgendein Berufsarbeiter. Ein Berufsarbeiter steht in keinem Fall Jesus näher als irgendein gläubiger „Laie“, darum weil er gewürdigt worden ist, einen so schönen Beruf auszuüben. Dem Herrn g a n z zu dienen, dazu müssen wir alle unsere jungen Männer rüsten. Das müssen wir dem Bergmann und dem Fabrikanten, dem Bauern und dem Studenten, dem Kaufmann und dem Schüler sagen, daß er an seinem Platz ganz und gar des Heilands Eigentum sei und daß er Ihm darum auch von ganzem Herzen an seiner Stelle, an die ihn Gott hingestellt hat, dienen muß.

3. Was ist denn nun ein Berufsarbeiter?

Wir können gar nicht nüchtern genug über diese Sache denken. Die ganze Gemeinde Jesu treibt das Werk ihres Herrn. Da gibt es keine Monopolrechte und keine verschiedenen Stufen der Würdigkeit. Alle miteinander sind Brüder, die in der brennenden Liebe zu ihrem Heiland zusammenstehen, um seinen Dienst in dieser Welt auszurichten. Aber weil da nun so viel zu tun ist, darum werden lebendige Mitarbeiter ganz für diesen Frontdienst freigestellt. Es muß dabei bleiben: In der Gemeinde Jesu ist die Frage an sich nicht wichtig, ob einer Berufsarbeiter ist oder nicht. „Einer ist euer Meister, ihr aber seid Brüder." Ein Berufsarbeiter, ob Pfarrer oder Jugendwart, ist zunächst nichts anderes als ein zur besonderen Verwendung freigestellter Mitarbeiter.

Aber darum, weil die Verantwortung für diesen Dienst so groß ist und an jeden Träger solchen Dienstes solche hohen Anforderungen stellt, darum muß man der Führung Gottes ganz gewiß sein, daß der Herr mit dieser Freistellung einverstanden ist. Darum liegt eben doch eine besondere Würde oder, daß wir es besser sagen, eine besondere Gnade über denen, für die es von Gott erlaubt worden ist, sich ganz für diesen Dienst freistellen zu lassen.

4. Brauchen wir denn Berufsarbeiter?

Ich habe den Eindruck, daß wir diese Frage noch einmal ganz neu durchdenken müßten. Berufsarbeiter können auch ein ganz schwerer Schade, ein Hindernis geistlichen Lebens sein. Wie oft entdecke ich, daß man in Gemeinden und Vereinen ein schlechtes Gewissen hat, weil kein Mensch mehr etwas für Jesus tun will. Und aus diesem schlechten Gewissen heraus entschließt man sich schließlich: Ach, stellen wir einen Mann an! Dann steht so ein armer Mann ganz allein; alles soll er tun, alle anderen schlafen und benützen das Dasein des Berufsarbeiters nur zur Beruhigung ihres schlechten Gewissens.

Das ist eine böse Sache. Berufsarbeiter sind nicht dazu da, um andere Leute in der Untätigkeit zu lassen. Ich möchte geradezu allen Berufsarbeitern sagen: Wenn euer Dienst dazu führt, daß andere nichts mehr tun, dann seid ihr kein Segen, sondern ein Fluch. Berufsarbeiter sind da nötig, wo die Arbeit so groß wird, daß man sie mit bestem Willen durch nebenamtliche Kräfte nicht mehr tun kann. Berufsarbeiter müssen sich ständig überflüssig machen, weil ihr Hauptdienst sein muß, andere an die Arbeit zu kriegen. Dazu brauchen wir Berufsarbeiter. Wieviel Segen ist von gläubigen Pfarrern und Diakonen, von Jugendwarten und Gemeindehelfern, die für Jesus brennen, ausgegangen.

5. Welche Voraussetzungen muß der Berufsarbeiter mitbringen?

Unsere Väter haben das in ihrer schlichten Art so treffend gekennzeichnet, daß wir es bis heute nicht besser sagen können. Vier „B" muß er mitbringen:

a) B e k e h r t. Wo auch immer Boten Gottes stehen, müssen sie eine ganz klare Stellung zu Jesus haben. Wie wollen wir denn andere leiten und führen, wenn wir selbst nicht fest und gewiß im Wort gegründet und mit Jesus verbunden sind?

b) B e g a b t. Ja, auch das gehört dazu, daß wir im Licht Gottes unsere Gaben prüfen. Mancher hat ein brennendes Herz für Jesus, aber er muß deshalb noch lange nicht Berufsarbeiter werden. „Ein jeglicher diene mit der Gabe, die er empfangen hat." Vielleicht kannst du dem Heiland viel besser dienen, wenn du ein tüchtiger Schlosser wirst oder sonst etwas. Wir müssen uns vom Herrn zeigen lassen, ob Er uns die Gabe mitgegeben hat, jungen Menschen Freund, Helfer und Führer zu werden.

c) B e r u f e n. Es ahnt wohl keiner, durch wieviel Anfechtungen ein Berufsarbeiterleben geht. Meinst du, da könnte man bestehen, wenn man seiner Sache nicht ganz gewiß ist? Ich möchte jedem raten: Tritt so lange auf der Stelle, bis du dessen ganz gewiß bist, daß dich der Herr als Berufsarbeiter haben will. Aber wenn Er den Ruf in dir erklingen läßt, dann mußt du gehorsam sein, ganz gleich, durch welche Nöte es da geht. Dann muß es bei uns sein wie beim jungen Jesaja. Als der Ruf Gottes zu ihm kam: „Wen soll ich senden, wer will mein Bote sein?", da war seine demütige und gehorsame Antwort: „Hier bin ich, sende mich."

d) B e w ä h r t. Dies Wörtlein scheint mir heute das allerwichtigste. Ich kenne viele junge Männer, die einen lebendigen Eindruck von Jesus hatten, und nun meinten sie sofort, jetzt müßten sie Berufsarbeiter werden. Da sollte nun das kleine, zarte Pflänzlein des Glaubens schon gleich eine gewaltige Frucht bringen. Wie manches Glaubenspflänzlein ist dadurch verdorrt und gestorben, weil es überfordert war. Ich möchte jedem jungen Freund sagen: Bewähre dich erst einmal an der Stelle, an die dich Gott gestellt hat. Und wenn du dort in deinem Dienst gesegnet worden bist, dann werden die Brüder dich rufen und es dir auf den Kopf zusagen, daß du Berufsarbeiter werden mußt. Der Entschluß zu diesem Dienst muß reif werden in ganz stiller, gehorsamer Arbeit an dem Platz, an dem wir stehen.

6. Eine gefährliche Schuld unter uns Christen

Warum haben sich christliche Kreise, Gemeinden und Gemeinschaften dieser Frage, wer Berufsarbeiter werden soll, so völlig entzogen? Das überlassen wir gerade jedem, wie es ihm einfällt. Wir haben es uns merkwürdig abgewöhnt, auf junge Männer zuzugehen, um ihnen im Namen Gottes die Frage zu stellen, ob sie nicht für solchen Berufsarbeiterdienst Freudigkeit hätten.

Das ist freilich dem ganzen Kreis ein Opfer, wenn er einen Mann, der sich bewährt hat, zum Dienst freigibt, aber wir werden uns einmal über unsere Trägheit in dieser Sache verantworten müssen. Haben wir nicht junge Männer durch unser Schweigen Gott vorenthalten? Haben wir nicht unseren Herrn durch unser Ausweichen vor dieser Frage um Diener betrogen, die Er nötig gehabt hätte?

Was wäre das für euren Kreis für ein Segen gewesen, wenn ihr gerade euren besten Mann ermutigt hättet, Mitarbeiter zu werden. Junge Nachwuchskräfte wären in die Mitarbeiterschaft hineingewachsen; ein Kreis wäre durch dies Opfer gesegnet worden; ein Mitarbeiter hätte die Tragkraft einer sendenden Schar in seinen Dienst mitnehmen können. Ihr habt den Segen Gottes verhindert, weil ihr den Mann nicht freigegeben habt.

Wir wollen das ganz neu hören, was uns der Herr hier zu sagen hat. Er möge uns die Augen öffnen und uns einen Blick dafür geben, wo junge Männer schon längst für solchen Dienst bereitstehen. Wir wollen uns von dem Herrn der Ernte die Vollmacht geben lassen, solchen jungen Männern einen klaren

Ruf anzutragen. Wir sollten uns dabei auch nicht scheuen, einen jungen Mann zu ermutigen, eine scheinbar bessere Stelle zu opfern, weil der Dienst für den König es erfordert.

7. Berufsarbeiter anfordern!

Wißt ihr, wo Mitarbeiter in jeder Form angefordert werden können? Die werden an allerhöchster Stelle, beim König selbst, angefordert. Jesus spricht: „Die Ernte ist groß, aber wenige sind der Arbeiter. Darum bittet den Herrn der Ernte, daß er Arbeiter in seine Ernte sende." Wir wollen miteinander in diesem Anliegen uns vor dem Thron des Königs bewegen. Ihm ist es ein Kleines, brennende Zeugen und brauchbare Berufsarbeiter unter uns zu erwecken.

OHNMACHT UND VOLLMACHT
IN UNSEREM DIENST

Da kommt ein sehr sympathischer junger Mann zu mir. „Ich möchte Jugendführer werden." Ich lasse mir zunächst einmal die Geschichte seines Lebens erzählen. Und dann kommt heraus, daß er früher einmal HJ-Führer gewesen sei. Während des Krieges war er in einem Arbeitsdienst tätig. Als er dann zurückkam, hat er sich wacker an manchen anderen Stellen herumgeschlagen. Und nun drängt es ihn, an irgendeiner Stelle wieder Jugend zu führen. Nun frage ich ihn: „Kennen Sie eigentlich christliche Jugendarbeit?" Nein, die kennt er nicht. Er kennt auch Jesus nicht. Seit dem Religionsunterricht in der Schule hat er auch keine Bibel mehr in der Hand gehabt. Aber er will Jugendführer werden. Es war mir merkwürdig, wie es in dem Gespräch kaum möglich war, ihm deutlich zu machen, daß wir nicht einfach Jugendführer brauchen, sondern etwas ganz, ganz anderes. Ich habe ihm schließlich folgendes Bild gesagt: Wenn ich den Weg nach Hannover nicht weiß, dann suche ich mir einen, der mich nach Hannover führen kann. Ich werde aber dann nur einen suchen, der den Weg nach Hannover bestimmt kennt, sonst kann ich mich ihm nicht anvertrauen. Das Ziel unserer Arbeit ist nicht irgendeine allgemeine Jugendführung und Jugenderziehung. Wir wollen Menschen zu Jesus führen. Das kann nur der unter uns ausrichten, der selbst den Weg zu Jesus kennt.

Dadurch unterscheidet sich unsere Arbeit von allen anderen Jugendarbeiten. Wir haben kein Programm, wir haben eine Botschaft. Daher kommt es aber, daß unter jungen Mitarbeitern die Frage immer brennender wird: Wie kann ich diese Botschaft so ausrichten, daß junge Menschen sie hören? Ich möchte es immer eindrücklicher jedem einzelnen unserer Mitarbeiter ins Herz hineinrufen: Damit ist es doch nicht getan, daß du ein paar nette Geschichten erzählen kannst oder interessante Spiele durchführst. Hast du eine Botschaft? Nur da, wo diese Botschaft wirklich glaubwürdig ausgerichtet wird, geschieht etwas.

Vielleicht habt ihr es auch schon gespürt, daß der Fortgang unserer ganzen Arbeit entscheidend davon abhängt, ob wir unter uns Mitarbeiter haben, die in der Vollmacht Gottes ihren Dienst tun.

1. Was ist denn Vollmacht?

Zu Jesus kam einmal ein ganz verzweifelter Vater und berichtete ihm von seinem kranken Jungen, der offenbar unheilbar mondsüchtig war. Mit besonderer Bitterkeit berichtete dieser Vater: „Ich habe ihn zu deinen Jüngern gebracht, und sie konnten ihm nicht helfen." Von wieviel Mitarbeitern wird es auch so heißen! Wir alle kennen solche Stunden, in denen wir spüren, daß Menschen Hilfe von uns erwarten; aber helfen konnten wir nicht. Es fehlte uns dazu die Vollmacht.

Ja, was fehlt uns denn in diesem Augenblick? Vollmacht ist zunächst ein Wort, das auch im natürlichen Sprachgebrauch vorkommt. Es bezeichnet die „Berechtigung" und auch die „Befähigung", einen Auftrag auszurichten. So bekam z. B. Saulus vor seiner Bekehrung von der Obrigkeit in Jerusalem die „Vollmacht", die jungen Christengemeinden zu verfolgen. Das war ihm bestätigt und versiegelt, daß er diesen Auftrag ausrichten sollte. Nun verstehen wir, was Vollmacht im Dienste Jesu bedeutet. Es gehört dazu eine klare Ausstattung mit einer Vollmacht durch unseren Herrn, in dessen Namen wir arbeiten. Er muß uns bestätigen, daß wir Berechtigung und Befähigung zu diesem Dienst haben.

Aber damit wird zugleich der ganze Ernst in der Frage nach der Vollmacht deutlich. Es ist ja keiner unter uns, der das Recht oder die Fähigkeit hätte, Gottes Dinge hier zu treiben. Ich verstehe schon, daß selbst der Apostel Paulus den Korinthern schrieb, daß er nicht wert sei, ein Apostel zu heißen, weil es eine Zeit in seinem Leben gegeben habe, in der er gegen diesen Jesus gestanden habe (1. Kor. 9, 15). Ich verstehe schon, daß Mose in dem Augenblick seiner Berufung nur eins sah, daß er in keiner Weise dazu fähig sei, einen Auftrag Gottes auszurichten. Ihr müßt einmal gerade dieses Kapitel 2. Mose 3 durchlesen, wie hier Mose immer neue Einwände vorbringt, gar nicht deshalb, weil er zu träge war, einen Dienst zu tun, sondern nur weil er auf der ganzen Linie sieht, daß er weder Recht noch Macht hat, Gottes Auftrag auszurichten.

Wir sind ja so schnell bei der Hand, von Menschen zu sagen, sie hätten Vollmacht. Wir sollten darauf achten, daß die Bibel eigentlich nur von Einem redet, der Vollmacht hatte, von Jesus ganz allein. Aber Er hatte sie wirklich in ganzer und reicher Fülle. Es würde mich verlocken, euch an dieser Stelle einmal das Leben Jesu vor Augen zu führen, allein unter dem Gesichtspunkt, daß hier einer stand, der Vollmacht hatte. Selbst das ungläubige und blinde Volk ruft mit Furcht und Staunen aus: „Was ist das für ein Ding? Er gebietet mit Macht und Gewalt den unsauberen Geistern, und sie fahren aus" (Luk. 4, 36). Ja, das war Vollmacht, daß hier einer stand, der mit der Kraft seines Wortes den bösen Geistern und den Geistern der Krankheit wehren konnte. Es war seine Vollmacht, die Er dem Meeressturm engegensetzte, daß schließlich die Wellen schweigen müssen. Da spürte sie etwas von seiner Vollmacht, als Er dem toten Jüngling den Befehl gab, aufzustehen. Und Er selbst hat dem Volk erklärt: „Damit ihr aber wißt, daß des Menschen Sohn Vollmacht hat, auf Erden die Sünden zu vergeben . . ." (Matth. 9, 6). Da war also der Glanz seiner Vollmacht am herrlichsten, als Er das tat, was kein Mensch vermag, als Er Menschen von ihrer belasteten Vergangenheit befreite und selbst einen zum Tode verurteilten Verbrecher in die Herrlichkeit des Paradieses erhob. Wo überall Mitarbeiter stehen, sollen sie wissen, daß unter ihnen nur ein einziger Vollmacht hat bis zum heutigen Tage, das ist ganz allein der Siegesfürst und Ehrenkönig Jesus Christus. Es gibt keinen Jugendführer und keinen Prediger, keinen Pastor und Vereinsleiter, von dem wir sagen könnten, er hätte Vollmacht. Dies Wort gebührt allein unserem Herrn selbst. Er allein ist von Gott mit Vollmacht ausgerüstet.

2. Gibt es denn für uns keine Vollmacht?

Jetzt kann ich euch nur bitten, mit mir auf jenen Berg zu kommen, auf dem ihr den Heiland mit seinen Jüngern in der Abschiedsstunde seht. Es sind jene Augenblicke vor der Thronbesteigung und vor der Himmelfahrt Jesu. Gleich wird der Herr zum Himmel erhöht werden und die arme Schar seiner Leute muß hinaus, um den Zeugendienst für ihren Herrn auszurichten. Jesus hat ihnen oft genug gesagt, daß der Weg, der vor ihnen liegt, nicht leicht sein wird. „Ich sende euch wie

Schafe mitten unter die Wölfe." Was soll denn diese arme Schar in einer Welt voll Anfechtung und Widerständen ausrichten, wenn sie nicht ganz besondere Vollmacht bekommt? Und diese Vollmacht ist ihr verliehen worden: „Siehe, ich bin bei euch alle Tage bis an der Welt Ende." Jesus hat das noch näher erklärt: „Ihr werdet die Kraft des Heiligen Geistes empfangen." Die zwei Worte gehören eng zueinander und meinen beide dasselbe. Das ist die Kraft des Heiligen Geistes, daß Jesus unter uns gegenwärtig ist. Jetzt wird das Geheimnis unserer Vollmacht deutlich. Wir bleiben arme, kümmerliche Leute, die aber eine Kraft haben, die unüberwindlich ist, weil Jesus neben uns steht. Nicht die Kraft unserer Überzeugung hat die Verheißung, sondern allein das, daß wir nicht ohne den Heiland zu arbeiten brauchen.

Ich möchte so ausführlich und ausdrücklich davon schreiben, weil ich meine, wir sollten darüber nun wirklich eine stille Stunde haben. Ich habe so oft in bedrückten CVJM-Vorstandssitzungen gesessen, bei denen man hin und her überlegte, warum die Arbeit nicht vorwärtsgeht. Und jedesmal nahm man dann seine Zuflucht zu irgendeinem äußeren Hilfsmittel. Das Programm wurde aufgestellt, oder man suchte irgendeinen Menschen, der helfen konnte. Kennt ihr nicht diese Wellen der Aktivität, der gesteigerten Betriebsamkeit, in die wir uns hineinstürzen aus Angst, weil die Arbeit im Grunde schon längst zurückgeht? Eine Weile ist dann ungeheurer Hochbetrieb, aber nachher kommt es heraus, daß der Jammer eigentlich noch viel größer geworden ist.

Nein, soll es wirklich bei euch vorwärtsgehen, dann laßt jetzt einmal alles stillwerden. Die Entscheidung, ob du Vollmacht an junge Männer hast, fällt ganz allein in der Stille deines Gebetskämmerleins. Je mehr du mit Jesus eins bist, desto mehr stehst du in deiner Arbeit in Kraft. Je mehr dein Leben Ihm gehört, desto vollmächtiger kannst du an anderen arbeiten. Wir brauchen Menschen „voll Heiligen Geistes". Habt ihr das nicht schon gemerkt, daß man Bibelstunden und Predigten mitmachen kann, bei denen gar nichts auszusetzen ist, die völlig rechtgläubig und ordentlich sind, aber es spürt halt jeder, daß kein Salz in der Verkündigung war? Es ging keine Kraft vom Wort Gottes aus. Es denke nur ja keiner, diese Kraft hinge etwa von einer Rednergabe ab. Die Kraft kommt allein aus dem persönlichen Umgang mit Jesus.

Darum gibt es auch ein Wachsen in der Vollmacht. Das hängt aufs engste mit dem Wachstum deiner Heiligung zusammen. Je reifer dein Gebetsleben, je gründlicher dein Bibellesen, je gehorsamer dein Leben wird, desto vollmächtiger wird dein Dienst sein.

3. Was kann die Vollmacht hindern?

Ich bin so dankbar, daß uns die Bibel Bilder über Bilder zeigt, aus denen wir ganz schlicht lernen können, wie erschütternd das aussieht, wenn Vollmacht, die Jesus geben will, durch uns verhindert und ins Gegenteil verkehrt wird. Laß mich ein paar solcher Bilder zeichnen: Kennt ihr die Geschichte des Mose? Der war ja in einem unterdrückten und geschlagenen Volk auf merkwürdige Weise schon als Knäblein gerettet worden, ja, die Königstochter selbst hatte ihn aufgenommen, um ihn zu erziehen. Es gefällt uns, daß der junge Mose keine Ruhe hatte, daß er im Königsschloß leben konnte, während seine Volksgenossen in der Sklaverei schmachteten. So ging er denn hinab zu seinen Brüdern, um ihnen zu helfen. Man sieht geradezu, wie er darin brennt, etwas Großes zur Befreiung seines Volkes auszurichten. Erschütternd! Der einzige Erfolg ist der, daß es dem Volk nachher noch schlechter geht und er selbst als ein Mörder fliehen muß. Alle edlen Absichten haben sich in das Gegenteil verkehrt. Handeln ohne Vollmacht! Er wollte etwas sehr Gutes, aber es waren eigene Pläne. Es war nicht eine Tat aus dem Gehorsam Gottes heraus. Wieviel edle Absichten, wieviel gute Pläne stiften nur Verwirrung, weil das Entscheidende nicht am Anfang stand, das Ringen um den rechten Gehorsam.

Ich denke an Gehasi, den Knecht des Elisa. Er war ein Mann, der wirklich die entscheidendsten Dinge in der damaligen Gemeinde miterlebte und der an verantwortlicher Stelle hatte mitarbeiten können. Eines Tages kommt zu Elisa eine arme, verzweifelte Frau und erzählt, daß ihr Sohn gestorben sei. Elisa möchte gern helfen und schickt schon einmal den Gehasi voraus, er soll dort nach dem Rechten sehen. Gehasi nimmt den Stab des Propheten, kommt dorthin zu dem toten Knaben, und feierlich schwingt er den Prophetenstab. Wie mag sich der Gehasi gewaltig vorgekommen sein; aber — „da war keine Stimme noch Fühlen" (2. Kön. 4, 31).

Verstehst du, Prophetenstäbe und äußerlich feierliches Getue helfen nicht. Wie ersetzen wir oft Vollmacht mit einer feierlichen Scheingeistigkeit, die doch nicht verbergen kann, daß keine Stimme noch Fühlen da ist!

Lest einmal die Sendschreiben an die Gemeinden Laodizea und Sardes (Offb. 2 und 3)! Da hören wir, warum ganze Gemeinden vollmachtlos waren. „O, daß du kalt oder warm wärest! Weil du aber lau bist, muß ich dich aus meinem Munde ausspeien." Nichts hindert die Vollmacht so sehr als die Unklarheit und Unentschiedenheit in unserem eigenen Leben. Wenn im Herzpunkt deines Lebens verborgene Unordnung einkehrt, dann spürt man das bis ins letzte Wort hinein, daß dir die Vollmacht genommen ist. Dann geht es wie bei jenem Achan (Jos. 7), daß der Sieg Gottes verhindert wird, weil heimlicher Bann alles belastet.

Ach, laßt euch doch in die Stille führen und euch von Gott aufdecken, wo die verborgenen Schäden liegen, die eure Vollmacht hindern! Immer und immer wieder möchte ich dies eine sagen, daß die Entscheidung darüber, ob eure Arbeit von der Kraft Gottes begleitet ist, ganz allein da fällt, wo Jesus mit dir persönlich redet und wo Er dein Leben erfüllt mit seiner heiligen Gegenwart. Sorge nur dafür, daß nichts seine Gegenwart hindern kann!

4. Gesegnete Ohnmacht

Ich habe einmal ein Lutherspiel gesehen. Es war geradezu großartig, wie zum Schluß unter herrlicher Scheinwerferbeleuchtung Luther auf dem Reichstag zu Worms erschien mit der Sicherheit eines Operntenors und mit der Würde eines drei Zentner schweren Ratsherrn. Nein, so sieht Vollmacht bestimmt nicht aus. Lest einmal die Geschichte der Männer Gottes, von denen uns berichtet wird, daß sie wirklich Vollmacht hatten! Wie hat ein Jeremia über sich selber gezittert und wie hat er verzweifelt die Hände gerungen, daß er selber so schwach und elend sei! Aber dann hat er sich daran anklammern dürfen: „Der Herr ist bei mir wie ein starker Held." Das war seine Vollmacht.

In 2. Korinther 12 wird uns ein verborgenes Heiligtum aus dem Gebetsleben des Apostels Paulus gezeigt. Da hören wir zu unserem Erstaunen, daß derselbe Paulus, der die gewaltigsten Strapazen und die ungeheuerlichste Arbeitslast Tag für Tag durchstehen mußte, ein kranker Mann war, offenbar aufs äußerste schwach und elend. Darum versteht man es schon, daß er seinen Gott bat, ihn doch völlig gesund zu machen, es sei doch für die Arbeit notwendig. Aber Gott hat Paulus nicht gesund gemacht. Er hat ihn in der ganzen Schwachheit belassen. „Laß dir an meiner Gnade genügen, denn meine Kraft ist in den Schwachen mächtig." Und nun schreibt derselbe Paulus, der durch die Erfahrung hindurchgegangen ist, Sätze, von denen ich nicht anstehe zu sagen: Sie sind das Lehrbuch rechter und wirklicher Vollmacht. „Darum will ich mich am allerliebsten rühmen meiner Schwachheit, auf daß die Kraft Christi bei mir wohne. Darum bin ich gutes Muts in Schwachheiten, in Mißhandlungen, in Nöten, in Verfolgung, in Ängsten um Christi willen; denn wenn ich schwach bin, dann bin ich stark." Das verstehe, wer will, begreifen kann ich das nicht. Aber im Umgang mit Jesus darf ich es lernen und darf ich es erfahren: Jünger Jesu sollen nichts anderes sein als ein Gefäß, das immer mehr ausgeleert wird, daß die Kraft Christi allein darin wohnen kann.

Darum gibt es f a l s c h e S o r g e n, die uns der Teufel je und dann einflüstert, die uns aber in Wirklichkeit nie bekümmern sollen. Da sagt einer, wir sind ja nur so wenige, wir können doch nichts ausrichten. Hast du denn wirklich geglaubt, ihr solltet mit einer großen Zahl euren Sieg erringen? Und wenn ihr nur zwei oder drei Mann seid, so seid ihr bestimmt einer mehr, als ihr vor Augen seht; bei euch steht doch Jesus. Und der hat Vollmacht genug, auch bei euch durch alle Widerstände zu brechen.

Da sagt ein anderer: „Ich habe gar keine Begabung für die Arbeit, ich kann auch überhaupt nicht reden." Hast du denn wirklich geglaubt, du könntest mit deinen Gaben etwas ausrichten? Ich treffe oft Mitarbeiter, die eine natürliche Gabe zur Jugendarbeit haben. Denen fliegen die Jungen nur so zu. Wenn ich aber länger zusehe, so fällt es mir immer auf, daß gerade die, denen es so leicht fällt, selten bleibende Frucht schaffen. Bleibende Frucht finde ich viel eher bei denen, die sich sehr mühen müssen; denn gerade in ihrem ständigen Versagen lernen sie es, der Kraft Christi Raum zu machen.

Brüder, die Gottlosigkeit wächst um und um. Ich weiß nicht, wie lange wir noch Zeit haben, die Botschaft unseres Gottes auszurichten. Wo sind die Männer, die sich Vollmacht schenken lassen? Wir haben einen lebendigen Herrn! Darin liegt unsere Vollmacht.

VÖLLIG ERFOLGLOS

Da liegt wieder einmal ein Brief, der mich nicht los läßt. Da heißt es an einer Stelle: „Wir haben jetzt unseren Kreis aufgegeben. In den letzten Wochen waren immer weniger gekommen, so daß wir schließlich alle Lust verloren haben."

Stellt euch vor, das gibt es tatsächlich. Da hat Jesus an einer Stelle eine Geschichte angefangen. Die jungen Männer waren im Glauben und Hoffen mit Ihm gezogen, aber jetzt steht dort unsichtbar ein Grabkreuz. An solchen Plätzen ist es also endgültig ans Tageslicht gekommen, daß man es einfach nicht mehr glauben konnte, daß Jesus unter allen Umständen den Sieg hat und daß sein Wort wie ein Hammer ist, der Felsen zerschmeißt. Die lähmende Erfolglosigkeit war stärker.

Ich fürchte, daß es heute unzählige Pfarrer und Laien gibt, die einmal im Glauben in das Ringen um junge Menschen mit eingetreten sind, die aber von der Erfolglosigkeit so müde wurden. Es ist ja auch schier unerträglich, wenn man mit brennendem Herzen an der Sache Jesu steht und unsere Arbeit will gar nicht vorwärts gehen. Unser Bibelstundenkreis wird klein und kleiner, die Wirkungen nach draußen immer schwächer. Wie probiert man dann alles Mögliche, um „Leben in die Bude" zu kriegen. Wir treiben zwar das Mühlrad noch vorwärts, aber im Grunde doch sehr hoffnungslos. Wie oft gehen wir von einer Stunde geschlagen nach Hause, weil alles so erfolglos war. Kennst du das auch? Darüber müssen wir einmal in der Stille miteinander sprechen.

1. Man kann für Erfolglosigkeit danken

a) Tröstliche Tatsachen. Das sind doch wirklich sehr tröstliche Tatsachen, daß wir nicht auf eigene Faust und auf Menschenideen hin arbeiten. Wir folgen in allem, was wir tun unserem Herrn nach. Und dieser Herr war in seiner Wirksamkeit auf Erden ausgesprochen erfolglos. Ich staune nur immer, wie Jesus das ausgehalten hat. Die Sache hatte erst ganz groß angefangen, daß sie z. B. in Kapernaum alles stehen und liegen ließen, wenn nur Jesus auftauchte. Aber am Ende stand dieser Jesus ganz allein. Was müssen das für Stunden gewesen sein, als unser Heiland eben noch 5000 speiste und kurze Zeit darauf nur noch seine 12 Jünger um sich hatte. Alle anderen waren weggegangen. Das mußte doch verkraftet werden, daß noch einmal die Volksbegeisterung beim Einzug in Jerusalem aufflammte und doch dies selbe Volk in derselben Stadt sehr bald darauf nur den einen Ruf kannte: „Kreuzige ihn!" Und dann kam die letzte, die schwerste Nacht, in der Ihn sogar seine Getreuen alle verließen und flohen. Wie ein Sturzbach bricht hier die Erfolglosigkeit über Jesus herein. — War Jesus nun wirklich erfolglos?

Wir wissen das doch heute schon, daß wir im Aufblick zu diesem so offensichtlich erfolglosen Jesus sprechen dürfen: „Gott aber sei Dank, der uns den Sieg gegeben hat durch unseren Herrn Jesus Christus."

b) E i n   s e l t s a m e r   L o b g e s a n g. In Matthäus 11 wird uns eine geradezu unglaubliche Sache berichtet. Da spricht Jesus mit tiefem Weh von der anbrechenden Verhärtung, von dem Abwenden so vieler von dem Gnadenangebot, das der Herr zu bringen hat. Aber nun wird Er nicht bitter. Er stimmt darüber ein Loblied an: „Ich preise dich, Vater und Herr Himmels und der Erde, daß du solches den Weisen und Klugen verborgen hast und hast es den Unmündigen offenbart. Ja Vater, denn es ist also wohlgefällig gewesen vor dir." Als sich die Mauern der Erfolglosigkeit um Jesus her höher und höher türmten, da jauchzt sein Heilandsherz, daß die Botschaft so klar und eindeutig wurde, daß der stolze, unbußfertige Mensch nicht herzufindet. Das ist der Segen dieser scheinbaren Erfolglosigkeit, daß offenbar werden muß: Menschen, die sich nicht bekehren wollen, haben keinen Zugang.

c) D e r   J ü n g e r   i s t   n i c h t   ü b e r   s e i n e n   M e i s t e r. Wenn wir das doch nicht so oft vergessen würden, daß wir nach derselben Regel angetreten sind, nach der die Jesus seinen Weg zum Kreuz hin ging. Er hat uns an keiner Stelle Erfolg versprochen. Er hat uns nur eins fest zugesagt, daß Er unablässig neben uns steht, wenn wir gehorsam seinen Kreuzesweg teilen. Vielleicht ist jeder Weg zur Jugendstunde, jedes Aushalten unter der geringen Schar, die immer weniger wird, ein Gekreuzigtwerden mit Jesus. Jetzt muß dir Jesus viel Kraft geben, daß du durchhältst. „Will mir jemand nachfolgen, der verleugne sich selbst und nehme sein Kreuz auf sich und folge mir nach." Wir müssen erst einmal alle durch dieses Sterben hindurch, daß wir mit Jesus allen Erfolg schwinden sehen. Weißt du, auf diesem einsamen Sterbensweg bleibt schließlich nur noch einer, Jesus selbst. Darum möchte ich immer weniger darnach fragen, welchen Eindruck meine Arbeit macht, sondern will aus allen Enttäuschungen heraus nur umso inniger und fester mich an Jesus klammern. Und wenn ich am Schluß ganz allein in unserem Versammlungsraum sitze, dann ist Er noch bei mir. „Mein Joch ist sanft und meine Last ist leicht."

2. Dennoch Erfolg!

a) N u r k e i n E r f o l g s j ä g e r ! Ja, das ist also nun deutlich: Wenn ich mit Jesus gehe, muß ich mich ganz von diesem Jagen nach äußeren Erfolgen freimachen. Das bedeutet eine Umkehr von allem, was unserer Natur so sehr liegt. Ich bitte Jesus, daß Er mich von allem Schielen nach äußeren Erfolgen frei macht. Ich möchte auch immer klarer und eindeutiger allen Mitteln und Methoden absagen, die scheinbar so sicher den Erfolg verbürgen. Jesus macht uns frei vom Schielen nach dem Erfolg.

b) W i e S c h a f e m i t t e n u n t e r d e n W ö l f e n. Wir wollen nicht vergessen, daß uns der Herr von vornherein unsere Stellung in der Welt klar angezeigt hat: „Ich sende euch wie Schafe mitten unter die Wölfe." Meinst du, daß die Wölfe nicht alles probieren, die Schafe zu verschlingen und zu zerreißen? Wir sollten noch viel mehr damit rechnen, daß wir unseren Weg unter dem vollen Beschuß Satans gehen.

Damit weiß ich aber auch noch etwas anderes. Jede Verkündigung von Jesus bringt eine Wirkung hervor. Der Apostel Paulus braucht einmal ein eindrückliches Bild. Im 2. Korintherbrief sagt er, das Evangelium sei wie ein Geruch, an dem sich Menschen entweder den Tod riechen oder das Leben einatmen. „Denn wir sind ein guter Geruch Christi unter denen, die selig werden, und unter denen, die verloren werden. Diesen ein Geruch des Todes zum Tod, jenen aber ein Geruch des Lebens zum Leben." Wenn ihr auf Ablehnung stoßt, wenn sich Verhärtung um euch her bildet, dann hat das Evangelium auch seinen Dienst getan, einen furchtbaren Dienst, vor dem uns angst ist. Wir können es dieser Welt nicht ersparen und können es keinem jungen Mann, der mit uns in Verbindung kommt, vorenthalten, daß an der Botschaft von Jesus eine Entscheidung aufbricht. Wenn unsere Arbeit klein bleibt, dann ist das auch eine Wirkung des Evangeliums. Der äußere Erfolg ist nicht unsere, sondern unseres Gottes Sache. Wir müssen nur treu sein, das Wort von Jesus zu sagen.

c) D e n n o c h n i c h t m ü d e w e r d e n ! Laß dich über all diese Dinge nur ja nicht bedrücken. Wir bleiben bei der Regel, unter der wir angetreten sind: Wir wollen alle und sind glücklich, wenn wir einen für Jesus gewinnen.

3. Eine ganz persönliche Frage

a) B i n i c h n i c h t a u c h s c h u l d ? Wenn es bei euch nicht vorwärtsgeht, dann wirst du den Trost Gottes erst dann in vollem Reichtum haben dürfen, wenn du einer Frage ganz standgehalten hast: Bin ich nicht selbst schuld an der großen Erfolglosigkeit? Wie schnell verwechseln wir das Kreuz Christi mit all den Kreuzlein, die wir uns selbst gezimmert haben. Ich kenne einen, der ständig davon redet, die Gemeinde Jesu sei eben eine kleine Schar, und doch ist es seine eigene Lieblosigkeit, die so viele abstößt. Wir müssen alle dieser Frage standhalten: Wo stehe ich Gott im Wege? Ist es meine schlechte Vorbereitung, meine langweilige Art, das Wort Gottes zu sagen, die so viele zurückhält? Ist es meine lieblose Unrast, die junge Männer bei uns nicht vertraut werden läßt? Ist es meine eigene Untreue, die ständig wie ein Bremsklotz die Arbeit aufhält? Laß dir das doch ruhig einmal sagen, was andere so an dir ärgert. Das wäre ja furchtbar, wenn Gott segnen will und meine ungeheiligte, böse Art hält den Segen Gottes auf!

b) L i e g t e i n B a n n a u f d e r A r b e i t ? Als der Jona auf der Flucht vor Gott war, da merkten die gottlosen und rauhen Schiffsknechte schon lange, daß Gott hinter ihnen her war und daß in dem Stürmen und Toben des Meeres der lebendige Herr redete. Nur der Jona selbst lag unten auf dem Schiffsboden und schlief. Er, der Mann Gottes, wollte es nicht merken, daß nur ganz allein um seinetwillen das Schiff bedroht und in Gefahr war. Vielleicht bin ich selbst derjenige, der den Segen Gottes aufhält, weil ich auf der Flucht vor Gott bin. Als Jesus in seiner letzten Nacht davon sprach, daß ein Verräter im Jüngerkreis sei, da hat keiner den anderen angesehen, sondern alle standen still vor der Frage: „Herr, bin ich's?" — „Herr, bin ich dran schuld? Halte ich deinen Segen auf? Habe ich den anderen, die glauben wollen und nicht können, ein Ärgernis gegeben?" Wer so schnell die Schuld an der Erfolglosigkeit auf andere oder auf den Herrn hinschiebt, ohne durch das Feuer des Gerichtes Gottes zu gehen, den kann der Herr nicht segnen. „Herr, bin ich's?"

c) N ä h e r   z u   J e s u s ! Wenn es bei euch nicht vorwärtsgeht, wenn du so enttäuscht über deine Erfolglosigkeit bist, dann soll dich das alles weder müde noch verzweifelt machen. Es darf dich aber auch nicht in eine falsche Geschäftigkeit treiben. Alle Erfolglosigkeit hat nur ein Ziel: Näher zu Jesus. Besprich mit Ihm täglich deine Arbeit. Alle Hindernisse sind wie ein unentwegter Ruf: Mehr beten! Mehr beten! Alle Hemmnisse wollen nur eins bei dir erreichen: Gib dein Leben noch treuer und gehorsamer in die Zucht und in den Gehorsam Jesu hinein. Aller Tod und alle Schläfrigkeit klagen uns selbst an und jeder neue Anfang fängt mit unserer eigenen Buße und völligen Hingabe an Jesus an.

Als Paulus zum erstenmal in Europa in der Stadt Philippi predigte, war das eine ganz klägliche Geschichte, scheinbar völlig erfolglos. Er selbst kommt sofort ins Gefängnis. Aber wir hören, daß er in der Nacht mit seinem Herrn geredet und ihm Lobgesänge dargebracht hat. Und die Botschaft dieses Paulus hat Europa erobert. Nur treu bleiben, nur durchhalten, auch wenn du ganz allein stehst. Am Ende steht auf alle Fälle der Sieg Jesu.

EIN HEIMLICHER BANN

Es ist eigentlich sehr schade, daß wir so wenig Zeit haben, daß einer ein stilles Gespräch mit uns führt.

Da werde ich erinnert an meinen alten Kameraden Eduard. Der fuhr während des Krieges einen Pkw. Wenn wir „technischen Dienst" hatten, dann war er mit seinem Wagen immer am schnellsten fertig. Er hatte es offenbar nie nötig, dem Motor einmal näher ins „Herz" hineinzusehen. Manchmal waren wir fast etwas neidisch, wie schnell das bei Eduard funkte. Aber als wir auf Tod und Leben über die Krim jagten und es auf Stunden ankam, unser Leben zu retten, da lag plötzlich Eduards Wagen hoffnungslos fest. Er flehte unseren Schirrmeister an, er möge ihm doch helfen. Aber jetzt stellte sich heraus, daß da soviel verborgene Schäden waren, die sich schon lange angebahnt hatten, die jetzt nicht mehr zu heilen waren. In der entscheidenden Stunde kam es heraus, daß es zu spät war.

Glaubt mir das: Gerade in den kritischen Stunden kommt der Schaden ans Tageslicht und ich fürchte, daß dann auch bei vielen Christen alles zu spät ist. Laßt mich euch ein paar wichtige Fragen vorlegen:

1. Ist ein heimlicher Bann unter euch?

In der Bibel wird uns eine erschütternde Geschichte erzählt. Da stürmte das Volk Gottes siegreich vorwärts. Eine Riesenfestung, die als unbesiegbar galt, Jericho, war in der Kraft Gottes erobert worden. Aber auf einmal ging es eben nicht mehr vorwärts. An der lächerlichen Festung Ai rannte sich das Volk Gottes fest. Die Geschlagenen und Gefallenen lagen am Wege.

Nun ist es interessant zu beobachten, wie das Volk ratlos wurde und alles Mögliche überlegte, warum es auf einmal nicht mehr vorwärts gehen könne. In diese Ratlosigkeit hinein gibt Gott eine klare Antwort: „Unter euch ist ein Bann! Die Kinder

Israel können nicht stehen vor ihren Feinden, denn sie sind im Bann. Ich werde hinfort nicht mit euch sein, wo ihr nicht den Bann aus euch vertilgt." Jetzt kommt es auf einmal heraus, daß einer unter dem Heer war, der sich an Gottes Eigentum vergriffen hatte, und darum liegt über dem ganzen Heer Gottes der Geist der Niederlage und der Schwachheit. Das Volk Gottes verliert also nicht, weil der Feind zu stark oder die Schwierigkeit zu groß wäre, sondern weil sein Verhältnis zum lebendigen Gott nicht in Ordnung ist. Unheimliche Dinge!

2. Sind dir diese Zusammenhänge einmal aufgegangen?

Es gibt heilige Zusammenhänge, die einfach nicht zu zerreißen sind. Wißt ihr, daß aller Segen in eurer Gemeinde mit eurer eigenen Bekehrung anfängt? Umgekehrt ist es nicht zu verhindern, daß alle persönlichen Unklarheiten einen Niedergang unserer Arbeit mit sich bringen. Da sitzt ihr oft ratlos in euren Mitarbeiterkreisen und bohrt immer wieder an der Frage herum, warum es nicht vorwärts geht. Ihr solltet es endlich einsehen, daß da nicht irgendwelche Experimente helfen. Da kommen wir auch nicht mit erprobten Methoden weiter. Der Schade liegt doch viel tiefer, er liegt in deinem Gebetskämmerlein, er liegt in deinem persönlichen Verhältnis zu Jesus. Ist da etwas nicht in Ordnung, dann legt sich ein Bann über eure ganze Arbeit.

Wenn es in euren Kreisen anders aussehen sollte, dann kann es natürlich an allerlei Gründen liegen, mit denen wir immer bei unserer Arbeit zu rechnen haben. Man kann den Segen einer Arbeit nicht an ihrem Erfolg abmessen. Dennoch möchte ich dir den brüderlichen Rat geben: Wenn es bei euch nicht stimmt, dann heißt die erste Frage: Was stimmt bei mir selbst denn nicht? Gott kann nicht unseren Dienst segnen, wenn unser Glaubensleben nicht in Ordnung ist. Achtet doch auf die heiligen Zusammenhänge!

3. Ihr steht in besonderer Gefahr!

Habt ihr euch einmal klargemacht, was unsere Arbeit eigentlich bedeutet! Wir sind doch nicht irgendeine Jugendarbeit, wie es sie zu Dutzenden in dieser Welt gibt. Überall da, wo wir den

Namen Jesus bekennen, blasen wir zum Generalangriff gegen den „Fürsten dieser Welt", gegen den Satan. Es kann uns ja nur darum gehen, daß wir junge Menschen zu Jesus rufen. Wenn wir aber ernsthaft Menschen unter die Königsherrschaft Christi bringen, dann machen wir jedesmal dem Satan Land streitig, dann verdrängen wir ihn aus dem Gebiet, in dem er unter allen Umständen herrschen möchte.

Darum müßt ihr euch darüber klar sein, daß es keine friedliche Sache ist, Jugendarbeit zu treiben. Mach dir doch bitte klar, daß du auch mit dem unscheinbarsten und geringsten Dienst für den Herrn Jesus unter dem vollen Beschuß der Hölle liegst! Wenn ich an die Scharen unserer Mitarbeiter denke, dann wird mir angst und bange, wie sie alle in einer Gefahrenzone marschieren. Darum, weil sie es mit Jesus gewagt haben, darum tut doch der Fürst der Finsternis alles, um sie zu Fall zu bringen.

Wir stehen oft ratlos davor, wie gerade die gesegnetsten Mitarbeiter plötzlich in böse Sünde und Schande fallen können. Was war es denn anders, als daß Satan nicht eher Ruhe hatte, bis er wieder einmal einen, der im Namen Jesu hinzustehen wagte, zu Fall gebracht hat.

Ein gottloser Graf lachte einmal sehr kräftig über seinen frommen Diener. Der Graf meinte, der arme Diener müsse sich in der Nachfolge Jesu so plagen und hätte Kämpfe, von denen er, der Graf, nichts spüre. Als die beiden anderntags bei der Entenjagd waren und der Graf mit seiner Schrotflinte in den Entenschwarm hineingeschossen hatte, gab er dem Diener den Auftrag, die angeschossenen Enten aus dem Schilf herauszuholen. Der ergriff einige Enten, die schon tot und leicht zu ergreifen waren. Darauf rief der Graf: „Die angeschossenen mußt du nehmen, die noch leben; die toten gehören uns sowieso." Später sagte der Diener: „Sehen Sie, Herr Graf, so geht es uns auch. Nach mir langt der Satan, weil ich das Leben aus Jesus habe; die Toten gehören ihm sowieso." Je mehr du dich nach dem Leben mit Jesus ausstreckst, je mehr du dein Leben ihm zum Dienst geben willst, um so mehr stehst du unter den Anfechtungen Satans, und er tut alles, um dich zu Fall zu bringen. Der gesegnete Gottesmann Spurgeon schreibt darüber: „Hütet euch darum, denn der Feind hat ein besonderes Auge auf euch. Seine schlauesten Einflüsterungen, seine unaufhörlichen Lockungen, seine heftigsten Angriffe gelten euch. Wenn ihr klug und gelehrt seid, so bedenkt, daß der Teufel noch viel klüger und gelehrter ist und daß er noch viel gewandter diskutieren kann. Er verwandelt sich in einen Engel des Lichts, um euch zu täuschen. Ehe ihr es merkt, geht er in euch ein und bringt euch zu Fall; ehe ihr den Gaukler erkennt, hat er euch um Glauben und Unschuld betrogen und ihr merkt nicht einmal euren Verlust, ja er macht euch weis, daß ihr das Verlorene in höherem Maße bekommen habt. Ihr seht nicht die Angel, noch viel weniger den schlauen Angler, der euch ködert." Wie traurig hat Jesus den Petrus angesehen: „Simon, Simon, Satanas hatte euer begehrt, daß er euch möchte sichten wie den Weizen."

4. Darum vergiß nicht, daß du immer im Feindesland bist!

Ja, tatsächlich, das ist das Unheimliche des Christenwandels, daß es da keinen Augenblick einen falschen Frieden gibt. Gerade in den Stunden, in denen wir die Zügel einmal etwas schleifen lassen wollen, da schießt er nach uns, und wie leicht trifft er unser Herz. Er hat ja unzählige Möglichkeiten, uns zu verwunden. Laßt mich einmal zwei besondere Versuchungen nennen, die denen, die im Dienst für Jesus stehen, besonders gefährlich werden können.

a) H a s t d u e i n g e t e i l t e s H e r z ? Der Apostel Paulus schreibt einmal so ernst an die Gemeinde in Korinth: „Ich betäube meinen Leib und zähme ihn, daß ich nicht den anderen predige und selbst verwerflich werde." Wie hat Paulus wohl sein Herz gekannt! Das ist es doch, daß wir bei unseren Zusammenkünften herrliche Worte machen und mit Eifer von einem Leben mit Jesus zeugen; aber wenn wir nach Hause gehen oder mit unseren Kameraden zusammen sind, sind wir ja völlig andere Leute. Wieviel Worte, die wir für Jesus gesprochen haben, verklagen uns. Es hat einmal so erschütternd von einem Pfarrer geheißen: „Wenn er auf der Kanzel ist, sollte man ihn nicht mehr herunter, und wenn er unten ist, sollte man ihn nicht mehr hinauf lassen." Versteht ihr das? Sein Leben unter der Kanzel war so, daß er nicht mehr hätte predigen sollen, und seine Predigten waren so, daß er nicht mehr hätte anders leben dürfen. Auf wie viele bei uns trifft das zu! Ich muß immer an Judas denken. Er war doch auch ein Jünger Jesu, dazu noch einer aus dem engsten Mitarbeiterkreis des

Heilandes. Dieser Judas war einer, der drei Jahre unter dem direkten Wort Jesu stand und täglich den Heiland hörte und mit ihm sprach; aber sein Herz gehörte Jesus nicht, und darum wurde er zum Verräter an seinem Herrn. Wem gehört denn nun wirklich dein Herz? Wer regiert in deinem Leben? Es muß endlich einmal klar bei uns werden, wer Herr im Haus ist.

b) S i n d H e r z u n d H a n d r e i n ? Jetzt würde ich am liebsten nicht mehr weiterschreiben, sondern mit dir unter vier Augen sprechen. Ich weiß es ja nur zu gut, wieviel Mitarbeiter im Reich Gottes heimlich darunter seufzen, daß sie für Jesus da sein sollen, aber sie stehen im Bann heimlicher Unreinheit. Das Schlimme ist ja das, daß du allmählich kapituliert hast. Du wehrst dich ja schon gar nicht mehr gegen die Fesseln Satans. Wieviel verborgene Qual, wieviel heimliche Kämpfe! Wir würden so gern freudige Zeugen Jesu sein; aber das, was in der Stille unseres Lebens geschieht, verklagt uns. Du solltest es einfach sehen, daß eben doch hier der Bann deines Lebens liegt, daß deine Gedanken und deine Hände nicht rein sind.

Was könnten wir mit unserem Dienst ausrichten, wenn dieser verborgene Bann endlich einmal gelöst würde, wenn junge Männer mit reinem Herzen Jesus zur Verfügung stünden!

Ich glaube, daß wir kein Gebet so notwendig haben wie die Bitte des David: „Schaffe in mir, Gott, ein reines Herz und gib mir einen neuen, gewissen Geist." Bei einem großen Jungmännertreffen brauchte ich einmal ein etwas fremdes Bild, nur um eindrücklich zu machen, worum es geht. Ich erzählte von einem verlaufenen Hund, den ich einmal auf der Straße gesehen hatte. Es war ein erbärmliches Bild, wie dieser arme Köter bald da, bald dort schnupperte und nur einen Tritt empfing von denen, an die er sich hing. Ich sagte dann, daß ich befürchten müsse, daß hier viele sitzen, die diesem Hund gleichen. O, diese Herrenlosigkeit! Wie viele sind unter uns, die nicht wissen, wo sie hingehören und die darum so verlassen und einsam umhergehen. Darum hängen wir uns schließlich an diese schlechten Herren, die unser Leben nur tyrannisieren. Es war mir damals so eindrücklich, wie ein paar Tage später einer, der in einer großen Arbeit steht, voll Jammer schrieb: „Ich bin doch der Hund; helft mir doch!" Wenn man jetzt einmal ins Herz hineinsehen könnte, wie viele von euch müßten so schreien: „Ich bin ja der Hund!"

Du, es gibt einen, dem du es ganz offen sagen kannst! Laß den verborgenen Bann nicht weiter schwelen, sondern sorge dafür, daß jetzt alles in Ordnung kommt.

5. *Hast du dein Leben ganz dem Herrn Jesus übergeben?*

Die Niederlagen unseres Lebens können mit ihrem ganzen Jammer doch noch einen Segen wirken. Das wäre der Segen, daß du auf einmal einen Blick dafür gewinnst, daß Jesus noch nicht völlig dein Leben regiert. Das ist meine große Angst, daß wir es nicht gründlich, nicht ernsthaft genug mit Jesus zusammen treiben. All denen, die in der Not des verborgenen Bannes leben, möchte ich ein paar Ratschläge geben:

a) Nimm deine ganze schmutzige Vergan-genheit und liefere sie Jesus aus! Es gibt gar nichts, was die Sündenzusammenhänge so zerreißt wie die Vergebung unserer Sünden. Da, wo dich eben noch Satan am Gängelband hat, da werden seine Seile zerrissen, wenn es in deinem Leben Wahrheit wird: „Die Strafe liegt auf ihm, auf daß wir Frieden hätten, und durch seine Wunden sind wir geheilt."

b) Rechne mit dem lebendigen Heiland! Darin besteht eigentlich der Christenwandel, daß man keinen Augenblick mehr vergißt: Ich habe einen lebendigen Heiland neben mir. Damit weiß ich ja ein Doppeltes: Ich weiß, daß der bei mir steht, der mir jeden Augenblick helfen kann. Ich darf Ihm in jeder Stunde sagen, wo mein Druck, meine Not und meine Anfechtung liegt. Ich weiß aber auch, daß ich mich nie mehr gehen lassen darf; denn es gibt ja keinen Ort und keine Zeit, wo Er nicht Zuschauer meines Lebens wäre. Was würde dein Leben anders aussehen, wenn du einmal anfängst, damit zu rechnen, daß du einen lebendigen Herrn hast!

c) Stell dein Leben unter gesegnete Ord-nungen! Du weißt es schon lange, daß die Unordnung in deinem Beten die Wurzel zu all der Zuchtlosigkeit deines Lebens ist. Darum brauchen wir einfach gesegnete Ordnung. Ein Mitarbeiter Jesu, der im Gebet und im Bibellesen keine Ordnung hat, hat in seiner ganzen Arbeit keinen Segen und in seinem Leben keine Zucht.

d) **Halte dich zu den Brüdern!** Es ist erstaunlich, wieviel fleißige Mitarbeiter im Grunde einsam sind. Vor lauter fleißiger Arbeit hast du keine Zeit mehr, an der Bibelstunde deiner Brüder teilzunehmen. Da liegt deine Gefahr. Da hat dir Satan deine Kraftquelle verstopft. Nur was uns in der Bruderschaft geschenkt wird, können wir fruchtbar weitergeben und gesegnet durchleben.

e) Eine letzte Frage: **Hast du einen Seelsorger?** Vertraue dich doch mit deinen Nöten einem Bruder an, der dir geistlich zu raten vermag! Wir brauchen solche Seelsorge. Nur wer selber sich solcher Seelsorge beugt, kann anderen zum Segen werden.

Ich frage mich manchmal voll Sorge: Es wird unter uns soviel gepredigt und gearbeitet, warum geschehen so wenig Bekehrungen? Der Bann muß weg! Bei dir und bei mir fängt es an!

Ein heißes Eisen! Bei euch auch? Heiße Eisen faßt man am besten nicht an; man könnte sich ganz gefährlich die Finger dabei verbrennen. Beim stillen Nachdenken hat mich dies heiße Eisen an verschiedenen Stellen tüchtig gebrannt.

Mitarbeiter untereinander! Über diese Sache müssen wir miteinander reden.

1. *Die Nöte*

Wieviel heimliche Spaltungen und Risse gehen durch unsere Mitarbeiterkreise und Vorstände. Da sitzt ihr zusammen in der Vorstandssitzung, äußerlich ein Bild des Friedens; und doch spürt man, daß von vornherein schon quer über den Tisch ein unheilvoller, ach vielleicht schon unheilbarer Riß geht. Ich bekenne euch, daß ich solche Vorstandssitzungen nur zu gut kenne. Und ich weiß auch, daß Gott das nicht segnen kann.

Wir wollen es uns jetzt aber nicht zu einfach machen. Es wäre billig, wenn wir jetzt einfach sagen würden: „Seid einig, einig, einig." Wundert euch nicht über den Satz: Nirgendwo sind so viele Möglichkeiten zu ernstlichen Auseinandersetzungen wie bei Christen; denn ihnen hat der Herr das Gewissen geweckt. Und das Gewissen eines lebendigen Christen ist ein sehr zartes und feines Ding. Solange mein Gewissen schläft, kann ich alles schlucken und alles vertragen. Solange ich blind bin, kann ich schweigen zu allem Unrecht. Aber hat Gott mein Gewissen geweckt, dann nehme ich es ungeheuer ernst, auch mit den sogenannten Kleinigkeiten. Darin liegt doch die Schwierigkeit.

Gleich nach der ersten Missionsreise sind schon die beiden bewährten großen Missionare der Gemeinde Jesu im Streit auseinandergegangen. Warum haben sich denn Paulus und Barnabas trennen müssen? Es wird keiner sagen können, daß dieser Riß aus Rechthaberei oder Eigensucht gekommen sei. Er kam daher, daß zwei Männern das Gewissen von Gott geweckt war

und daß sie darum beide ihr Anliegen todernst nehmen mußten. Bis heute kann keiner sagen, wer in der Sache eigentlich
recht gehabt hat, denn sie haben beide ein unerhört wichtiges
Anliegen vertreten.

Solange es Gemeinde Jesu auf Erden geben wird, werden wir
auch in diesem brüderlichen Ringen stehen müssen, daß Gewissen, die von Jesus geweckt sind, auch unter Brüdern nicht
schweigen können.

Unser Streit kommt aber meistens aus einer anderen Quelle
heraus. Aller Ungehorsam gegen Gott wirkt sich sofort in
Friedelosigkeit aus. Neid und Lieblosigkeit, Eigensucht und
Ärger an dem Glück des andern zerreißen das Bruderband.

Jetzt frage ich euch, ihr Mitarbeiter, vor Gottes Angesicht:
Hat sich in eure Spannungen kein Neid und keine Lieblosigkeit
gemischt? Warst du in deinen Schwierigkeiten mit den anderen
Mitarbeitern frei von Eigenliebe und Ehrsucht? — Was lebt
verborgen in deinem Herzen? Wo steckt die bittere Wurzel?
Wo war dein eigenes Ich verletzt? Wo hat das giftige Gewächs
des Neides bei dir Wurzel geschlagen?

> „Wie sollen wir die Schlachten schlagen,
> die unausweichlich vor uns stehen,
> wenn wir, die deinen Namen tragen,
> noch so getrennte Wege gehen?
> Wir streiten über die Befehle
> und stehen mitten in der Schlacht,
> derweil der Feind mit stolzer Seele
> des leichten Sieges uns verlacht.
> Die Kämpfer auf dem Vormarsch bleiben
> weit hinter dem befohl'nen Ziel,
> weil in dem Heer Dämonen treiben
> ihr fromm verstecktes Ränkespiel."

2. Böse Folgen

Die Folgen sind schlimmer, als man auf den ersten Blick hin
meint. Spannungen und Unverträglichkeiten hemmen die Arbeit in einem Umfang, der erst an den Folgen in seinen schrecklichen Auswirkungen abgelesen werden kann. Diese bösen
Folgen sind nach drei Richtungen hin sichtbar:

a) W i r   v e r e i n s a m e n. Ich weiß, du hast recht mit dem, was dich an deinem Mitarbeiter geärgert hat. Und trotzdem bist du auf dem besten Wege, zu vereinsamen. Wir stehen noch an unserer Arbeit, aber uns trägt keine Bruderschaft mehr. Wir erfüllen noch unsere Aufgaben, aber wir trinken nicht mehr aus dem Quell, der aus reicher, köstlicher Bruderschaft fließen will. Wieviel verhärtete, einsame und darum im Grunde unfruchtbare Mitarbeiter leben doch unter uns.

Schließlich kommt es so weit, daß du die Lust verlierst, weiterzumachen. Man schmeißt den Kram hin und der einzige, der sich an unserer Rechthaberei freut, ist der Teufel.

b) W e n n   d i e   H i r t e n   s i c h   s t r e i t e n ,   k o m m e n   d i e   H e r d e n   i n   N o t. Die uns anvertrauten Jungen und jungen Männer sehen, daß unsere Liebe nicht mehr so brennend ist. Da, wo ein heiliger Eifer für unseren herrlichen Heiland Jesus Christus brennen sollte, da glimmt auf einmal ein falsches Feuer. Hast du nicht Angst, daß unter den Spannungen in eurem Mitarbeiterkreis junge Männer an ihrer Seele Schaden nehmen können? Über eurem Streit könnte einer, für den Jesus gestorben ist, verlorengehen und kein Streit ist das wert, daß einer darum verlorengeht.

c) D a s   g a n z e   W e r k   l e i d e t   S c h a d e n. Da, wo Brüder einmütig im Angriff für Jesus stehen sollten, gibt es auf einmal ein Stocken. Wir werden uns nicht mehr einig über die einfachsten Dinge. Der Siegeszug Jesu wird aufgehalten um unserer Schwierigkeiten willen.

3. *Die Lösung*

Es gibt eine Lösung, ganz bestimmt!

a) Sie beginnt an dem Punkt, an dem mir Gott einmal ganz gehörig aufdecken muß, wieviel heimliche Unbußfertigkeit, wieviel Neid und böse Gedanken verborgen zwischen meinen guten Argumenten stecken. Ist es zwischen euch Mitarbeitern schwierig, dann fängt die Lösung ganz gewiß da an, daß du und ich — verstehst du, nicht der andere, sondern wirklich du und ich — sich ganz neu zu Jesus hinkehren. Und wenn es noch so weh tut, muß mir der Heiland aufdecken, wo m e i n e Lieblosigkeit, m e i n harter Sinn, m e i n e Rechthaberei war. Im

Licht Jesu muß es endlich ans Tageslicht, wo ich mit falschem Zungenschlag gekämpft und wo ich dem Bruder wehgetan habe.

Paul Humburg erzählte uns folgendes vom alten Grafen Pückler. Eins seiner Lebenswerke war es, daß er die christliche Studentenbewegung auf eine wunderbare Höhe führen durfte. Könnt ihr euch vorstellen, was es für den Grafen Pückler, diesen gesegneten Gottesmann, bedeutete, als er eines Tages in der Vorstandssitzung abgesetzt wurde? Der Normalfall auch unter Christen wäre gewesen, daß der Streit vollkommen gewesen wäre. Paul Humburg erzählt, in diesem furchtbaren Augenblick sei der Graf Pückler aufgestanden und habe sich an den untersten Platz gesetzt und habe weiter mitgearbeitet, als sei nichts geschehen. Aber Paul Humburg hat ihn später gefragt, was er denn in dem Augenblick empfunden habe. Da hat ihm Pückler geantwortet: „Ich habe bloß innerlich schreien können: Herr Jesus, halt du die Nägel fest." Auch unsere berechtigten Auseinandersetzungen bleiben ein unheiliges Geschäft, solange wir uns nicht bis aufs Blut mit Jesus kreuzigen lassen.

b) Das Reich Jesu ist immer größer als meine Gedanken und Pläne. Wir singen in einem Lied: „...daß uns werde klein das Kleine und das Große groß erscheine." Wir Mitarbeiter würden besser miteinander auskommen und einmütiger zusammenstehen, wenn wir uns immer wieder erneut hineintauchen ließen in den großen Reichsgedanken unseres Königs. Es geht immer um Jesus und nicht um mich. Es geht immer um sein Reich und nicht um meine kleinen Interessen.

c) Nie gegen einen Bruder, sondern immer um einen Bruder kämpfen! Es mag sein, daß wir in wichtigen Dingen verschiedener Meinung sind. Das wollen wir nicht gering nehmen. Aber laßt es doch nicht zu diesen verhärteten Fronten kommen. Auch der andere, der oft soviel Unverständliches tut, der dir vielleicht sehr wehgetan hat, bleibt dein Bruder. Und bis zum letzten Atemzug seid ihr um Jesu willen zusammengebunden und müßt umeinander ringen, nie gegeneinander. Wenn es erst einmal so weit ist, daß ihr nicht mehr aufeinander hören könnt, dann ist es zu spät, dann taugt ihr beide nicht mehr für Jesu Dienst.

d) **Man muß sich an den Gaben des Bruders freuen können.** Wenn Jesus unter uns seine neue Schöpfung anfängt, dann erweckt er unter uns Originale. Wenn dein Bruder anders ist als du, wenn er andere Gaben entfaltet und einfach anders ist als du selbst bist, dann freue dich über die Mannigfaltigkeit der Schöpfungen Gottes. Was euch verbindet, ist nicht die gleiche Schablone, sondern der reiche Herr, der die Fülle seiner Gaben mannigfaltig ausgießt.

e) **In der Schule Gottes aushalten!** Weißt du, in der Schule exerziert der Herr mit uns eine Sache: „Dem Demütigen gibt Gott Gnade." Ich habe früher nicht gewußt, wie schwer es ist, demütig zu sein. Kannst du drunter bleiben, wenn Erfolg und Segen bei anderen Mitarbeitern aufleuchtet und nicht bei dir? Kannst du dich herzlich mitfreuen, weil ja Jesu Sache dadurch gewinnt? Der gefangene Paulus hat den Philippern von der Not geschrieben, daß es ihn angefochten hat, daß andere Brüder sich kräftig entfalteten und sich wohl noch damit brüsteten, während er selbst eben gefangen war. Und dennoch schreibt Paulus an die Brüder in Philippi: „Jene verkündigen Christum, zwar aus Zank und nicht lauter; denn sie meinen, sie wollen eine Trübsal zuwenden meinen Banden. Was tut's aber? Daß nur Christus verkündigt werde allerlei Weise, es geschehe zum Vorwand oder in Wahrheit, so freue ich mich doch darin und will mich auch freuen." Demütig bleiben!

f) **Könnt ihr noch zusammen beten?** Nicht mehr? Dann darfst du keinen Tag weiterarbeiten. Ein Mitarbeiterkreis, der nicht zusammen beten kann, hat dem Teufel Feld überlassen. Da hat der Satan die Hand mit im Spiel. Könnt ihr noch zusammen beten? An der Frage hängt alles. Bitte keine verlogene Gebetsgemeinschaft! Bitte keine unwahre Form! Aber umsomehr frage ich dich: Könnt ihr euch noch zusammen beugen vor Jesus? Der frühere Missionsdirektor Schmidt hatte recht: „Es ist nicht nötig, daß wir einer Meinung sind, aber das ist nötig, **daß wir eines Sinnes sind!**"

Es tut mir fast leid, daß dieses stille Gespräch gedruckt wird. Was wir jetzt miteinander besprechen, können wir eigentlich nur unter vier Augen ausmachen. Vergeßt also bitte, daß hier Druckerschwärze mit im Spiel ist und denkt jetzt nur daran, daß wir ganz stille Zwiesprache miteinander halten unter dem Kreuz. Ich lasse euch teilhaben an einem Briefwechsel. Ich denke: Das, was hier geschrieben ist, hättest du genau so schreiben können. Oder nicht? Lies beide Briefe einmal bitte in ganzer Stille durch.

Lieber Pfarrer Busch!

... Seit dieser Zeit hat es mich nicht mehr losgelassen, daß ich doch auch mal zu einem Bruder hingehen sollte und ihm meine Sünden bekennen. Aber ich bin zu feige dazu, weil sie mich alle für einen prima Kerl halten, und in Wirklichkeit bin ich so schlecht und werde nicht fertig mit meiner Sünde. Da habe ich gedacht, ich wollte Ihnen mal schreiben. Vielleicht können Sie mir helfen, daß mein Leben in Ordnung kommt. Ich habe Vertrauen zu Ihnen und glaube, daß Sie mich verstehen können.

Ich habe gläubige Eltern und habe schon früh den Herrn Jesus gefunden. Vorher war ich gebunden an eine Jugendsünde, und ich war sehr unglücklich. Dann lernte ich den Herrn Jesus kennen, und Er hat mir meine Sünden vergeben. Ich habe auch geglaubt, daß Er mich von dieser Gebundenheit frei machen würde. Und dann habe ich doch wieder dieser Sünde gedient und habe mich an meinem Leib versündigt. Entschuldigen Sie bitte, wenn ich Sie mit meiner Sünde belaste, aber es muß einmal heraus. Oft bin ich fast verzweifelt an mir selber und konnte mich des Gedankens nicht erwehren, meinem Leben ein Ende zu machen. Ich weiß, daß der Herr Jesus mir auch diese Sünde wieder vergeben wird. Aber was nützt mir das alles, wenn ich weiß, daß wieder die Stunde kommen wird, wo ich der Sünde dienen muß, ob ich will oder nicht? Ach, ich werde diesen Schmutz und Dreck nicht wieder los. Ich sehne mich so nach einem reinen Leben! Dann steigen immer wieder die Zweifel in mir hoch: Hat der Herr Jesus nicht gesagt, daß Er uns frei machen will? Ist das nur so ein Gerede oder ist das Wirklichkeit? Aber auf der anderen Seite weiß ich ganz genau, daß, wenn mir einer helfen kann, es der Herr Jesus ist, und daß meine Schuld mich von Ihm trennt. Dennoch bleibt die Frage bestehen: Wie werde ich frei davon? Das macht mir auch so Not, daß ich nach außen so prima dastehe. Ich bin im Posaunenchor, im Jungmännerkreis und sogar Leiter einer Jungschar. Keiner sieht mir an, daß nach innen hin mein Leben dreckig und schmutzig ist. Kann ich unter diesen Umständen noch Mitarbeiter sein? Muß ich mich nicht schämen, den Namen Jesu in den Mund zu nehmen? Was soll ich denn jetzt den Jungens noch sagen? Ist es in meinem Munde nicht eine Lüge, wenn ich sage, daß der Herr Jesus uns frei macht? Was soll aus unserem CVJM werden, wenn es bei Mitarbeitern so aussieht? Ich merke immer, wie die Sünde zwischen mich und den Herrn Jesus tritt wie eine dichte Wand. Aber ich kann mich von Ihm nicht lossagen, ich brauche Ihn doch, ich kann ohne Ihn doch nicht mehr leben!

Lieber Pastor Busch, ich wäre Ihnen sehr dankbar, wenn Sie mir recht bald einmal Antwort auf meine Fragen schreiben würden.

Mit herzlichem Gruß   Ihr . . .

Lieber Freund!

Ihren Brief habe ich erhalten. Haben Sie von ganzem Herzen Dank, daß Sie mich an Ihrer tiefen Not Anteil nehmen lassen. Ich habe den Brief ein paarmal gelesen. Er hat mich sehr bewegt.

Es ist gut, daß Sie sich diesen Kummer einmal vom Herzen geredet haben. Ich trage Ihre Not auf meinem Herzen und will sie mit Ihnen zusammen mit Jesus besprechen. Denn das ist ja noch viel wichtiger, als daß ich sie gehört habe, daß Jesus jedes Wort in Ihrem Brief auf seinem priesterlichen Herzen trägt. Lassen Sie mich einige Bemerkungen dazu schreiben:

1. Das ist wahr, daß in unserem Leben soviel Unreinheit ist, daß wir eigentlich kein Recht haben, den Jesusnamen zu nennen. Davon soll nichts verkleinert und nichts abgebrochen

werden: „Vater, ich bin nicht wert, daß ich dein Sohn heiße."
Vergessen Sie das nie in Ihrem Leben, daß Sie einmal recht
verzweifelt darüber waren, daß es so in Ihrem Leben aussieht.
Das wird Sie vor aller falschen Sicherheit bewahren und wird
Sie sehr demütig halten. Wenn man einmal den ganzen Jammer seiner eigenen Sünde gesehen hat, dann hört das ein für
allemal auf, daß wir so groß von uns selbst daherreden.

2. Als ich Ihren Brief las, dachte ich bei mir, daß jetzt in
Ihrem Herzen derselbe Kampf tobt, der einst einen Martin
Luther an den Rand der Verzweiflung brachte. Er wollte doch
Gottes Eigentum sein und sah immer nur seine eigene Sünde,
die ihn von Gott schied. Mit welcher Hingabe hat dieser Martin
Luther versucht, seine Schuld vor Gott zu bereinigen. Aber statt
daß es besser wurde, wurde es immer schlimmer. „Dem Teufel
ich gefangen lag, im Tod war ich verloren. Mein Sünd' mich
quälte Nacht und Tag, darin ich war geboren. Ich fiel auch immer tiefer drein, es war kein Gut's am Leben mein: Die Sünd
hat mich besessen."

Aber gerade da hat er die köstliche Entdeckung gemacht. Sie
geschah in der einsamen Zelle eines Klosters und hat doch
unsere ganze Kirche erneuert. Die Entdeckung hat der Evange-
list Johannes ganz schlicht im 1. Kapitel seines Briefes so ausgedrückt: „Das Blut Jesu Christi, des Sohnes Gottes, macht
uns rein von aller Sünde." Das ist so ungeheuerlich, daß man
es kaum zu glauben wagt. „Sein Kreuz bedeckt meine Schuld,
sein Blut macht hell mich und rein. Mein Leben gehört meinem
Gott, ich traue nur Jesus allein."

„Fürwahr, er trug unsere Krankheit und lud auf sich unsere
Schmerzen. Die Strafe liegt auf Ihm, auf daß wir Frieden hätten." Glauben Sie das, lieber Freund, daß Ihr ganzer Dreck und
Ihr Elend durch das Blut Jesu bedeckt ist? Da wo Jesu Erbarmen uns einhüllt, stehen wir rein vor Gott da, als sei nichts
geschehen. Das ist kaum zu glauben, aber es ist so. Jetzt sehen
Sie nicht mehr auf Ihre Not, sondern auf Jesus, der Sie ganz
frei, ganz rein und ganz heil gemacht hat. Das ist das Wunder
der frohen Botschaft, daß wir an uns nur Sünde sehen, aber sie
darf uns nicht mehr anfechten. Unsere Sünde liegt nicht mehr
auf uns, sondern Jesus hat sie am Kreuz getilgt und gebüßt.
Hier liegt das Geheimnis der Geschichte von der Fußwaschung.
„Wer gewaschen ist, der ist rein."

3. Aber gerade an dem Punkt setzt ja nun Ihr Brief ein: „Ist denn nicht alles sinnlos, wenn ich nun doch weiterhin ein Knecht der Sünde bin? Soll die Qual denn kein Ende haben? Hat denn Jesus nicht die Macht, mit meiner Sünde fertig zu werden?" Ja, die Macht hat Er.

Der Fall liegt freilich so: Auch im neuen Leben bleiben wir im Kampf. Unser alter Mensch ist noch nicht getötet. Frieden, wirklichen Frieden, gibt es erst drüben in der Ewigkeit. Solange wir hier unseren Weg gehen, liegt unser neuer Glaubensmensch mit dem alten Menschen, der so anfällig ist, ständig in Kampf und Krieg. Daß wir den Kampf haben, ist nichts Unnatürliches, aber wir gehen jetzt mit neuem Mut in diesen Kampf hinein.

a) Der Sieg ist im Grunde schon ausgefochten, es sind nur Rückzugsgefechte, mit denen uns der altböse Feind noch plagen darf. Die Plage ist manchmal hart, aber am Kreuz ist es ausgemacht, daß Jesus letztlich siegt und daß wir Ihm gehören.

b) Wir gehen tapfer in den Kampf, weil wir jetzt einen Verbündeten haben, den Heiland. Sagen Sie es doch Ihm ins Ohr, daß Ihnen der Kampf zu schwer fällt. Sie werden erleben, daß Er Ihnen Schritt um Schritt vorwärts hilft. Wenn dieses Ringen oft auch hart ist, so hilft Er uns Zug um Zug zum Ablegen der Sünde. Diese ganze Sache ist so köstlich in Hebräer 12 ausgedrückt: „Lasset uns ablegen die Sünde, die uns immerdar anklebt und träge macht, und laufen durch Geduld in dem Kampf, der uns verordnet ist und aufsehen auf Jesum, den Anfänger und Vollender des Glaubens." Der Mann, der das schrieb, hat etwas gewußt davon, daß Sünde so zäh ist und sich immer wieder an uns klebt, ja, daß der Kampf zum Christenleben gehört. Aber er hat auch etwas gewußt von der Kraft des Aufsehens auf Jesus. Stehen Sie den Kampf nun einmal fröhlich durch.

Ich habe schon so oft das Bild gebraucht, das auch für Sie gilt: Als der verlorene Sohn aus lauter Gnade und Erbarmen angenommen war, mag er sehr glücklich gewesen sein, als er nun endlich zu Hause war. Da hat es sicher sein Herz durchströmt, daß er jetzt seinem Vater nur noch Freude machen will. Aber er hat doch ganz sicher allerlei böse und schlimme Gewohnheiten von draußen mit hereingebracht. So mag es ihm z. B. passiert sein, daß er gleich am ersten Morgen einen langen Fluch ausstieß. Scheußlich! Aber was war denn nun los? Mußte er jetzt sein Köfferchen packen und wieder gehen? Auf keinen Fall! Angenommen ist angenommen! Hören Sie: Angenommen ist angenommen! Aber etwas anderes wird deutlich: Einmal, daß ihm jetzt die Sünde weh tut. Früher war es ihm egal, was der Vater dazu sagt, jetzt tut es ihm weh. Hier wird der ganz große Unterschied gegen früher deutlich. Paul Humburg hat einmal gesagt: „Bei den Kindern dieser Welt ist die Sünde fahrplanmäßig, bei den Kindern Gottes ist es jedesmal ein Eisenbahnunglück." Daraus kommt das andere: Der Sohn wird seine Fehler nicht leicht nehmen, sondern wird sofort zum Vater gehen, um die Sache in Ordnung zu bringen.

Es wird nicht ausbleiben, daß wir im Kampf Wunden kriegen. Deshalb ist es so wichtig, daß wir jeden Tag aufs neue uns unter das Blut Jesu stellen und uns reinigen lassen von allem, was unser Leben beschmutzen will. Gott helfe Ihnen in diesem Ringen. „Zuletzt, meine Brüder, seid stark in dem Herrn und in der Macht seiner Stärke." Lesen Sie einmal Epheser 6, 11 ff.

4. Dürfen Sie nun noch Mitarbeiter bleiben? O ja, jetzt erst recht! Nur der, der um seinen eigenen Schaden weiß und ständig aus der Vergebung lebt, kann recht Mitarbeiter sein. Wir sollen den Jungens doch nicht zeigen, wie herrlich wir sind, sondern das soll aus unserem armen Leben deutlich werden, was die Gnade vermag. Trauen Sie der Gnade etwas zu! Alle Not und alle Niederlagen sollen uns nur viel, viel näher zu Jesus hintreiben. Ich denke recht an Sie.

Ihr Johannes Busch

WAS IST EIGENTLICH
GEBETSGEMEINSCHAFT?

Wichtiger und machtvoller als alle Methoden, die man nur ausdenken kann, ist im Ringen um Menschenherzen das Beten der Jünger Jesu. Glaubt ihr das?

Laßt uns aber nun nicht vom Beten im allgemeinen reden. Mich drängt die eine Frage, die mir aus der Arbeit heraus immer notvoller und dringlicher wird: Habt ihr Gemeinschaft im Beten? Habt ihr Gebetsgemeinschaft?

1. Warum brauchen wir Gebetsgemeinschaft?

Von vornherein eins: Mir begegnet immer wieder ein Einwand — manchmal sehr gedankenlos gesagt, manchmal sehr ehrwürdig von tiefgründigen Menschen theologisch aufgezäumt — ein Einwand, der wirklich zunächst verblüffend wirkt: Jesus hat doch ausdrücklich gesagt: „Wenn aber du betest, so gehe in dein Kämmerlein und schließ die Tür zu und bete zu deinem Vater im Verborgenen." Ist nicht Beten eine so zarte und innige Sache, daß sie die Gegenwart eines anderen Menschen gar nicht verträgt? — Lies doch bitte einmal nach, was wirklich in Matthäus 6 steht. Dort redet Jesus nicht von dem **Gebet der** Gemeinde, sondern von den Heuchlern, die das Beten zu einem Prunkstück für sich selber machen. Das Wort trifft also auf unsere Frage überhaupt nicht zu.

Vor allem bitte ich dich aber: Schlage doch einmal ein paar Seiten weiter auf. In Apostelgeschichte 4 wird uns eine der ergreifendsten Geschichten erzählt, die wir von der jungen, eben entstandenen Gemeinde hören. Die beiden Männer, Petrus und Johannes, waren verhaftet worden. Man hatte ihnen unter Todesandrohung verboten, weiter in dieser Sache Jesu zu reden, und sie dann gehen lassen. Eine gefährliche Situation! Was tun diese Männer? Sie gehen zur Gemeinde und beten miteinander. Sie können den Todesdrohungen und all den gefährlichen Dingen nur eins entgegensetzen: ihre herzliche Gebetsgemeinschaft. Gott hat dieses brüderliche Gebet überwältigend erhört: „Und da sie gebetet hatten, bewegte sich die Stätte, da sie versammelt waren; und sie wurden alle des Heiligen Geistes voll und redeten das Wort Gottes mit Freudigkeit." Vielleicht versteht ihr, warum sich heute die Stätte gar nicht mehr bewegt und wir bei aller Geschäftigkeit so wenig vom Heiligen Geist und Freudigkeit haben. Das schenkt der Herr seiner Gemeinde nur dann, wenn sie zusammen betet.

Es jammert mich einfach, wie viel in unseren Gemeinden und Kreisen geredet, wie wenig aber gebetet wird. Welch eine klägliche Verarmung auch bei den sogenannten „Gebetsgottesdiensten" oder wenn wir in brüderlichem Kreis zusammen sind. Wir sind da wirklich erschütternd arm geworden. Natürlich hat alle Gebetsgemeinschaft zur Voraussetzung, daß wir persönlich beten können. Wer nicht ein eigenes und ganz lebendiges Gebetsleben hat, dem bleibt die Gebetsgemeinschaft in ihrer überwältigenden Kraft ärgerlich oder verschlossen. Darum kann ich über Gebetsgemeinschaft gar nicht reden, ohne euch persönlich zu fragen: Kannst du beten? Wer einmal angefangen hat, mit Jesus zu sprechen, der entdeckt, daß sein Beten die köstlichste Kraftquelle seines ganzen Lebens ist. Wie kann ich denn brüderliche Gemeinschaft mit anderen Menschen haben, wenn wir nicht auch das Köstlichste in unserem Leben teilen, die Erfahrungen aus unserem Gebetsleben?

Das gilt übrigens für alle Gemeinschaft. Das beginnt zwischen Mann und Frau und bei Bräutigam und Braut. Wenn ihr nicht zusammen beten könnt, dann stimmt etwas nicht in eurer Gemeinschaft. Das gilt für echte und gesunde Freundschaft. Freunde müssen zusammen beten können, sonst gehören sie im Grunde doch nicht zusammen. Ich hörte gelegentlich von alten Brüdern im Ravensberger Land, daß sie von „Kniebruderschaft" sprachen. Damit rührten sie an das schönste Geheimnis brüderlicher Verbundenheit, wenn Jünger Jesu einig werden in der Hingabe an den großen Bruder Jesus. Das gilt erst recht für unsere Gruppen und Kreise in jeder Gestalt. Es wird nirgendwo zu einer lebendigen Zusammengehörigkeit kommen, wenn nicht ein Kern da ist, der zusammen beten kann.

Laßt mich das euch einmal an einem ganz einfachen Bild deutlichen machen: Ich bin ein sehr glücklicher Vater über sechs Kinder. Mich macht das sehr glücklich, wenn das eine oder andere meiner Kinder zu mir kommt, um mit mir irgendeine äußere oder innere Not zu besprechen. Das sind die schönsten Stunden im Leben eines Vaters. Wenn aber in meinem Zimmer plötzlich die Tür aufknallt, und alle sechs kommen zu mir herein, um mich mit irgendeiner Sache zu bestürmen, dann kann ich nicht anders, dann muß ich sie hören. Seht ihr, gerade das ist Gebetsgemeinschaft. Laßt doch allen künstlichen Krampf dabei fahren. Hier machen die Kinder die Tür zum Vater auf und bestürmen gemeinsam sein Herz. Was meint ihr, wie unser Vater im Himmel sich freut, wenn wir recht kräftig miteinander an seine Tür klopfen.

2. Die große Verheißung

Entschuldigt, wenn ich noch einmal die entscheidende Vorfrage stelle: Kannst du beten? Ist dir das klar geworden, daß es dabei nicht auf schöne Worte und gepflegte Formen ankommt? Aber darauf kommt es an, daß Kinder zum Vater reden. Ich meine immer, daß Luthers Auslegung zur Anrede im Vaterunser die schönste Erklärung ist, was es um das Beten sei: „Vater unser, der du bist im Himmel." Was ist das? „Gott will uns damit locken, daß wir glauben sollen, er sei unser rechter Vater und wir seine rechten Kinder, auf daß wir getrost und mit aller Zuversicht ihn bitten sollen wie die lieben Kinder ihren lieben Vater." Entscheidend ist also, ob wir wirklich diese Kindesstellung zum Vater haben. Damit ist aber zugleich auch jedes Beten eine Übergabe, ein Hineinspringen in diese Kindesstellung. Von Matthias Claudius stammt das schöne Wort: „Daß einer beim Beten die Augen verdreht, finde ich eben nicht nötig und halte ich's besser: natürlich! Das Händefalten ist eine feine äußerliche Zucht und sieht so aus, als wenn sich einer auf Gnade und Ungnade ergibt und 's Gewehr streckt. Aber das innerliche, heimliche Hinhängen, Wellenschlagen und Wünschen des Herzens, das ist nach meiner Meinung beim Gebet die Hauptsache." Wenn wir beim Gebet die Hände falten, dann kann das zunächst den einen Nutzen haben, daß unsere unruhigen, ewig geschäftigen Hände einmal still werden. Aber damit geschieht ja etwas unfaßlich Großes: Da sind zwei leere Hände, völlig leer und ganz untätig. Die legen sich zusammen, und daraus wird ein Gebet. Je gründlicher meine Hände leer sind, desto gewaltiger wird die Vollmacht des Betens.

Versteht ihr, warum in eurer Arbeit dies das Größte unter den mancherlei Diensten ist? Wie wird aus eurem armen Gemeindesälchen oder Vereinsraum ein Tempel Gottes, wenn Jünger Jesu einig werden, leere Hände still zusammenzulegen. Hier, nur hier wird die Bahn frei gemacht, daß jetzt Gottes Hände bei euch anfangen zu wirken und zu arbeiten. „Ich gehe einher in der Kraft des Herrn." Darum liegt auf dem Beten solch große, überwältigende Verheißung, daß in der Tat solche Gebetsgemeinschaften Schlachten geschlagen und Siege erfochten haben. In Apostelgeschichte 12 wird uns erzählt, wie der heimtückische Herodes Petrus gefangennimmt, ihn im festesten Kerker mit Ketten einschließt und durch Soldaten bewachen läßt. Aber da setzt die kleine, schwache Gemeinde ein einziges gegen königliche Macht, Soldatentrotz und eiserne Ketten: Sie betet! Sie hat damals Petrus freigebetet. Solche Verheißung liegt über der Gebetsgemeinschaft der Jünger Jesu.

Wenn wir doch glauben würden, daß die Siege Gottes kniend errungen werden!

Wir haben einen schier übermenschlichen Auftrag: Wir sollen in Gottes Namen diese heutigen modernen Menschen für Jesus gewinnen. Das ist, menschlich gesehen, von vornherein eine verlorene Schlacht. Wir ahnen nicht, wie viel Siege Gottes und wie viel Wunder, die keiner begreifen kann, für uns vor der Tür stehen, wenn wir die leeren Hände zusammenlegen und ernstlich anfangen, miteinander zu beten.

3. Hier wird es gefährlich!

Ich verschweige euch nicht, daß diese ganze Sache mehr als gefährlich ist. Dabei sind so viele Gefahren, daß viele unter uns schon den Geschmack daran verloren haben. Ich habe junge Männer genug gesprochen, die durch Gebetsgemeinschaften hindurchgegangen sind und einen wahren Abscheu davor bekommen haben. Wir sollten das sehr ernst nehmen! Das ist doch auch kein Wunder. So schlau und gerissen ist der Teufel immerhin, daß er da, wo die Bereitstellung zu den Siegen Gottes geschehen soll, nun auch besonders hochempfindliche Minen legt. Also Augen auf! Hier wird's gefährlich!

Wie oft sind unsere Gebetsgemeinschaften durch und durch verlogen. Manchmal meint man es wie mit Händen zu greifen, daß eine Gebetsgemeinschaft, in der wir stehen, eine einzige Lüge Gott gegenüber ist. Wir gebrauchen schöne, fromme Worte, aber wir erwarten ja gar nichts von ihm. Wir wollen ja gar nichts mehr haben, wir glauben auch nicht, daß sich noch einmal die Stätte bewegen könnte. Eine tote Form hat das Leben schon lange ausgeschlossen. — Wie oft verdecken wir mit gesalbten Gebetsgemeinschaften, daß schon längst der Tod im Topf ist. Wir beruhigen unser Gewissen mit der schönen Form, während uns Jesus schon lange nichts mehr zu sagen hat. Kennt ihr das auch, daß man mit dem goldenen Teppich einer solchen Gebetsgemeinschaft lauter Dreck und Mist zudeckt, damit man ihn nicht so deutlich sieht? O diese verlogenen Gebetsgemeinschaften!

Ebenso sind unsere Gebetsgemeinschaften oft eine Lüge gegeneinander. Da ist schon wochenlang oder gar jahrelang Streit und Zank zwischen zweien; aber weil das so gut aussieht, betet man miteinander. Meint ihr, daß unser Herr solche unbußfertigen Gebete hören könnte? Vielleicht gilt es gerade bei euch, daß ihr erst einmal untereinander Frieden machen müßt, damit ihr endlich zusammen beten könnt. Das geht ja manchmal so weit, daß man sich in den Gebetsgemeinschaften beim Beten gegenseitig die Meinung sagt. Neulich erlebte ich, wie ein junger Mann stammelnd ein Gebetlein sprach, das sich nicht ganz in den biblischen Linien hielt. Doch ich denke, der Herr hat es gnädig aufgenommen. Aber prompt fiel mit lauter Stimme ein junger Student ein, der in dem nachfolgenden Gebet die Sache wieder theologisch auf Vordermann brachte. In einem anderen Kreis erlebte ich einmal, wie einige sich ungeschoren in ihren Gebeten einander die Meinung sagten. Ach, im selben Augenblick fällt über solche verlogene Gebetsgemeinschaft das Urteil Gottes: „Gewogen, gewogen und zu leicht befunden!"

Es gibt noch viele andere Gefahren. Ich denke an die große Lieblosigkeit, die oft gerade im Heiligtum offenbar wird. Da beten ein paar ältere Männer endlos lange, daß unseren jungen Burschen alle Lust zu solcher Gemeinschaft vergeht. Wieviel Erstarrung liegt oft über den Gebetszusammenkünften. Am meisten schmerzt mich oft diese Rücksichtslosigkeit in langatmigen Gebeten, die kein Ende finden wollen. Stehen wir nicht alle in der Gefahr, daß wir in der Gebetsgemeinschaft vergessen, daß wir mit Jesus reden, und uns um wohlgeformte Worte mühen, die den andern Eindruck machen? Gebete, bei denen wir uns in unserer Eitelkeit brüsten, dringen nie zum Himmel. Ja, Gebetsgemeinschaften sind eine rechte Schule zur Heiligung und zur Demut. Es ist ein gefährlicher Weg, wer brüderliches Beten wagt!

4. Und trotzdem!

Wer Gefahren fürchtet, verzichtet im Grunde schon auf das Leben. Wer um der Gefahren willen Gebetsgemeinschaft aufgibt, verzichtet auf das Aufbrechen göttlicher Kraftquellen. Deshalb möchte ich euch ermutigen: Fangt doch noch einmal von vorn mit solcher Gebetsgemeinschaft an. Ihr braucht sie gar nicht feierlich abzukündigen. Je stiller und bescheidener ihr anfangt, desto gesegneter kann es werden. Echte Gebetsgemeinschaften haben eine wachstümliche Kraft in sich.

Laßt euch einfach ein paar Ratschläge dazu geben:

a) Die äußere Form ist nicht entscheidend, und doch ist sie mir nicht unwichtig. So knie ich z. B. gern. Ich habe in meinem Leben gelernt, daß ich dann wie ein Baum vor Menschen stehen kann, je gründlicher ich mich vor Gott zu beugen vermag. Schämt euch nicht, ruhig einmal wieder bei Gebetsgemeinschaften zu knien, wenn es der Raum und die Umstände zulassen.

b) Haltet regelmäßig Gebetsgemeinschaft! Claus Harms hat einmal gesagt: „Wer nicht zu bestimmten Zeiten betet, der betet auch nicht zu unbestimmten." Wenn ihr euch nicht regelmäßig im Gebet übt, dann könnt ihr es auch nicht, wenn es so nötig wäre. Man muß mit Behutsamkeit eine stille Zeit finden, vielleicht am Samstagabend oder am Sonntagmorgen vor dem Gottesdienst, also eine Zeit, in der man in der Stille sich versammeln kann. Nur sollte es halt regelmäßig sein.

c) Muß jeder beten? Nein! Es gibt Menschen, denen es Not macht, laut zu beten. Zwingt sie nicht, ihr tötet sonst etwas, was nie wieder gut werden kann. Solchen dürft ihr Mut machen, bei der Gebetsgemeinschaft dabeizusein und zu schweigen.

d) Helft durch brüderliche Ermutigung, daß auch unsere jungen Männer und jungen Burschen den Mut kriegen, mitzubeten. Vielleicht sollten die Älteren einige Zeit einmal schweigen, damit die jungen freudiger mitbeten.

e) Gewöhnt euch für Gebetsgemeinschaften die Regel an: Kurze, herzliche Gebete! Zeigt vor allem den jungen Menschen, daß es oft genügt, nur einen Satz zu beten.

f) Helft im brüderlichen Gespräch, daß in der Gebetsgemeinschaft nicht so viel geschwätzt wird. Betet um ganz bestimmte Dinge. Dankt für Erfahrungen, die ihr gemacht habt, bringt eure wirklich vorhandenen Nöte im Gebet vor den Herrn. Betet für die Verantwortlichen in euren Gemeinden und Jugendkreisen, bringt die dem Herrn, die euch Not machen. Je bestimmter unsere Gebete sind, desto mehr erquicken sie uns.

g) Manche empfehlen heute, das häufige „Amen" bei der Gebetsgemeinschaft zu unterlassen. Auch hier gibt es keine feste Form und Regel. Ich persönlich habe es gern, wenn nach jedem Gebetlein die Brüder dieses Gebet bestätigen durch ein kräftiges und fröhliches Amen. „Amen" heißt nichts anderes als: Ja, Herr, es soll also geschehen!

h) Ist eure Gebetsgemeinschaft in Gefahr, zu verarmen, dann greift ins Wort Gottes. Dort sind so herrliche Gebete aufgezeichnet: das Gebet des Daniel oder des Nehemia, das Gebet der Jünger in der Apostelgeschichte und viele andere. Betet vor allem viel Psalmen miteinander und das Gebet unseres Heilandes.

Zum Schluß: Wir reden soviel in unsere Gemeinden hinein, man müsse mehr beten. Aber wo soll denn ein junger Mann beten lernen, wenn wir es ihm nicht beibringen! Aus den oft herrlichen Gebeten, die in den Gottesdiensten verlesen werden, wird er es nicht lernen, weil ihre liturgische Sprache für seinen persönlichen Gebrauch zu fremd ist. In stiller Gemeinschaft muß er lernen, mit Gott zu reden, wie ein Sohn mit dem Vater redet. Es sind nicht leere Phrasen, sondern die Wirklichkeit unseres Gottes: Wollen wir die Siege unseres Herrn bei uns erleben, dann müssen wir miteinander beten!

DAS WORT VON DER „TREUE IM KLEINEN" – NUR EIN SCHLAGWORT?

Als ich als junger Student mein Studium anfing, habe ich viel gehört, was ich längst wieder vergessen habe. Aber eine kleine Geschichte kommt mir immer wieder in den Sinn: In Bethel war Professor Östreicher, der uns in die Geheimnisse des Theologiestudiums einführen sollte. Ganz am Rande erzählte er uns, daß sie einmal in der Theologischen Schule einen Studenten gehabt hätten, dem es so schwer gefallen sei zu predigen, daß er sich schließlich entschlossen habe, dem jungen Mann zu raten, einen anderen Beruf zu ergreifen; es sei völlig unmöglich, daß er einmal ein Pfarramt ausfülle. Es sei dann freilich erschütternd gewesen, wie dieser Student nach langem, innerem Ringen erklärt habe, er könne dem Rat nicht folgen, er müsse einfach Pfarrer werden: „Ich kann nicht anders!"

Nach einigen Jahren — so erzählte nun Professor Östreicher weiter — sei er einmal mit dem Bummelzug durch seine badische Heimat gefahren. An einer Station seien Leute eingestiegen, mit denen er ins Gespräch kam, das bald darauf hinlenkte, daß diese Leute ganz begeistert von ihrem jungen Pfarrer erzählten; solch einen Pfarrer hätten sie noch nie gehabt. Der Professor muß geradezu bestürzt gewesen sein, als er den Namen dieses jungen Pfarrers hörte. Es war jener junge Mann, dem er einstmals geraten hatte, sein Studium aufzugeben. Voll Verwunderns fragte er deshalb: „Kann er denn predigen?" Da hatten die Leute etwas lächelnd geantwortet, das sei recht bescheiden, „aber was der Mann in stiller Treue unter der Kanzel tut, das hat uns allen das Herz abgewonnen".

Ich weiß nicht, warum mir diese Geschichte einen solch tiefen Eindruck gemacht hat. Mir war klar, daß zu einem tüchtigen Pfarrer auch ein fleißiges Studium und ein guter Verstand gehören. Aber in jenem Augenblick hat es mich einfach getroffen, daß noch viel wichtiger etwas anderes ist: Ein Herz voll Treue. Je mehr ich in unserer Arbeit stehe, desto mehr entdecke ich, daß das nicht nur für Pfarrer, sondern für alle gilt, die in der Sache unseres Herrn ein Stücklein Verantwortung tragen.

1. Was erwartet Gott von Mitarbeitern?

Die Frage scheint mir für uns alle von entscheidender Bedeutung. Ich stoße immer wieder im Gespräch auf den einen Punkt, daß junge Männer ganz einfach Angst haben, mitzuarbeiten. Es ist ja nicht wahr, daß sie alle keine Lust hätten, etwas zu tun. Aber viele sind auf Anhieb sofort mit der Antwort da: „Ich kann das nicht! Ich bin dazu völlig ungeeignet!" Das kann manchmal geradezu zu einer schweren Bedrückung führen. Ein prächtiger Mitarbeiter, den ich nicht entbehren möchte, sagte mir neulich mit ganz traurigem Gesicht, er wolle seine Arbeit, die ihm so lieb sei, jetzt niederlegen. Ganz erschrocken habe ich ihn gefragt: „Warum das denn?" Und leise und bedrückt kam die Antwort: „Ich merke immer mehr, daß ich ungeeignet bin; ich schaffe es einfach nicht."

Ach, ihr Männer, hier muß ich euch einmal ein ganz deutliches Wort sagen: Es fällt mir einfach in der Bibel auf, daß Jesus bei seinen Mitarbeitern gar keine Tugenden und Gaben vorausgesetzt hat. Arme, ungebildete Leute, schmutzige Sünder waren Ihm gerade recht, daß sie zu hohen Aufgaben berufen wurden. Der größte Apostel, der Weltmissionar Paulus, war ein hartnäckiger Gegner Jesu und hatte sich an dem Mord des Stephanus beteiligt. Nein, du brauchst wirklich nichts mitzubringen, wenn du im Dienst für Jesus stehen willst.

Nur nach einem fragt der Herr; darauf sieht Er allerdings mit einer peinlichen Gewissenhaftigkeit: Er möchte treue Leute haben! In Psalm 101 steht das Wort: „Meine Augen sehen nach den Treuen im Lande, daß sie bei mir wohnen." Nichts mindert unsere Möglichkeiten so sehr, nichts hält den Zug des Reiches Gottes so sehr auf als unsere Untreue. Ihr kennt doch die Geschichte von den anvertrauten Pfunden? Am Ende geht es nur um ein Urteil: „O du frommer und getreuer Knecht, du bist über wenigem getreu gewesen..." Jener andere aber, den Jesus von sich weist, wird nicht darüber befragt, daß er unbegabt war oder ein zu kleines Format gehabt habe, sondern das bekümmert Jesus: „Du Schalk und fauler Knecht..." Drum: Mut zur Treue im Kleinen! Jesus wartet darauf!

2. Gott hat Mut zu den geringen Dingen!

Jetzt möchte ich euch alle an die Hand nehmen und euch einfach einmal dahin führen, wo man Treue im Kleinen sehen kann. Da gibt es doch nur eine Stelle, an der wir voll Staunen sehen können, wie in eine ungetreue Welt Treue hereingebrochen ist. Die Geschichte der Gemeinde Jesu ist die Geschichte einer unendlichen und unverdienten Treue Gottes. Nichts packt mich in unserer Arbeit so, als wenn ich plötzlich auf solch stille Bekenntnisse stoße. Da sagt mir ein junger Mann: „Ich habe mich vor Jesus gedrückt, wo ich nur konnte; aber er hat mich nicht losgelassen." Da sitzt ein junger Kerl in einer Freizeit und muß aussprechen: „Ich wollte ja eigentlich gar nicht kommen, aber ich mußte wohl an der Freizeit teilnehmen; jetzt begreife ich das auf einmal." Bei einer großen Mitarbeitertagung bekannte ein Jurist: „Wenn mir das einer vor Jahren gesagt hätte, daß ich einmal von Jesus spreche, hätte ich ihn laut ausgelacht. Aber dieser Jesus hat mich überwunden."

Was ist das für ein Gott, der die ganze Welt mit allen Gestirnen regiert und sich Zeit nimmt, einem einzigen bockigen Menschen nachzugehen und um sein Herz so lange zu ringen, bis es Gott gehorsam wird. Verstehst du, das ist die Treue Gottes.

Da liegt ein Brief auf meinem Schreibtisch von einem ganz kleinen Jungmännerkreis. Sie haben in einer etwas erstarrten Gegend vor ein paar Jahren angefangen. Es ging durch so viel Kümmerlichkeiten. Einmal hat mir der Leiter ganz verzweifelt geschrieben, er könne es bald nicht mehr ertragen, wie immer wieder junge Leute untreu würden. Und jetzt schreiben die Freunde, daß sie von der Gemeinde beauftragt worden sind, eine Evangelisation durchzuführen. Was ist das für ein Gott, dem solch ein kleiner, kümmerlicher Kreis nicht zu gering ist, an ihm zu bauen und zu arbeiten, ihn zu gestalten und zu bevollmächtigen. Wir leben unentwegt davon, daß der heilige Gott, der der König über alle Gewalten ist, Mut zur Treue im Kleinen hat.

3. Jesus ist der Quell aller Treue

Unsere Treue ist nicht eine Tugend, die wir mitbringen. Ich habe noch keinen gesehen, der auch nur ein Stücklein brauchbare Treue in die Arbeit mit eingezahlt hätte. Das ist ja das fruchtbare, daß unsere ganze alte Art zwar die Fähigkeit hat, sich einmal für eine Weile zu begeistern, aber der alte Karnevalsschlager ist so unheimlich wahr, daß man ihn um und um an uns allen erlebt: „Du kannst nicht treu sein; nein, nein, das kannst du nicht!"

Daher kommt es dann auch: Wir bringen unsere alte, ungebrochene und ungeheilte Art in die Arbeit mit. Wir setzen an die Stelle von Treue Begeisterung. Und da, wo stille Hingabe sein sollte, ersetzen wir das mit strammer Haltung.

Laßt uns doch miteinander auf Jesus sehen. Er, der das eine Schäflein einfach nicht losließ, sondern ihm bis in die Wildnis nachkletterte, obwohl er noch 99 andere hatte, Er ist der Fürst der Treue; der unter Tausenden den Zachäus gefunden hat und unter eigenem Elend noch den Schächer sah, Er allein ist der Mann der Treue. Er hat das Scherflein der Witwe entdeckt. Er hat mitten in den Verhandlungen, bei denen es auf Tod und Leben ging, noch den Blick für den Petrus gehabt, der dem ungetreuen und verleugnenden Jünger das Herz durchbohrt hat. Er hielt seinen Leuten die Treue, auch als alle diese Treue schon längst gebrochen hatten. Er hat die Treue mit seinem Herzblut bezahlt, obwohl seine engsten Jünger schon längst davongelaufen waren und einer von ihnen sein Verräter war.

All diese Treue ist für mich wie in einem Brennpunkt an einer Stelle zusammengefaßt: „... und dann auch an mich gedacht, als Er rief, es ist vollbracht."

4. Und das Echo?

Nein, wir alle bringen keine Tugend und keine Eignung zu unserem Dienst mit, noch nicht einmal ein bißchen Treue. Aber weißt du, im Umgang mit Jesus geschieht etwas Geheimnisvolles: Wie ein Echo nie aus sich selber tönt, sondern immer nur aus dem Anruf, wie ein Spiegel nie selbst ein Bild zeigt, sondern nur das wiedergibt, was in ihn hineinleuchtet, so erfahren Menschen, die sich nah zu Jesus stellen, eine wunderbare Sache. Das Wort Gottes nennt das so: „Lasset uns ihn lieben, denn er hat uns zuerst geliebt." Wir dürfen eine ganz neue Treue in unserem Leben erfahren; Treue in armseligen und geringen Dingen, je näher wir uns zu Jesus halten.

Aber gerade darum schreibe ich dies stille Gespräch so voll Zittern und Zagen. Ich weiß gar nicht, ob ein paar von euch

Zeit haben, es zu lesen. Aber eins weiß ich, daß mir an dieser Stelle angst und bang wird um unsere Arbeit. Wo bleibt denn das Echo auf den Anruf unseres Herrn? Wo bleibt denn das Spiegelbild Jesu? Auf den Strom von großer Treue antworten wir als gehetzte, nervöse Leute damit, daß wir keine Zeit haben zur Treue im Kleinen. Das ist ein billiges Schlagwort geworden.

Unser Werk krankt nicht an dem Mangel einer großen Konzeption, sondern an dem heimlichen Sterben der Treue im Kleinen. Wir stehen mit unserem Dienst auf festem Grund, aber wir bauen nicht darauf. Wir wissen wohl, was wir tun sollen, aber wie ein tödliches Gift wird nun doch aller Dienst leer und hohl, weil es uns an der Treue im Kleinen fehlt.

Ich habe neulich einen Jungscharleiter besucht, der ein prächtiges Lager leitete. Er gab mir fröhlichen Bericht von viel Schönem, was sie dort erlebten. Aber auf einmal hat er von einer Not gesprochen, die ihn offenbar schrecklich betrübte und die er doch kaum in Worte fassen konnte. Er erzählte, daß er eine ganze Schar Mitarbeiter habe, „aber im Grunde kann ich mich auf keinen recht verlassen". In einer Gruppe machen die Jungen unmöglichen Blödsinn, aber der Gruppenleiter liegt auf seinem Strohsack und liest. Ein anderer Junge ist schon seit Tagen nicht ganz gesund, doch der Gruppenleiter hat es noch gar nicht gemerkt. Wieder ein anderer Junge leidet an Heimweh; offenbar klappt daheim irgend etwas nicht. Und die verantwortlichen Mitarbeiter übersehen es, weil sie hilflos sind. Eine Gruppe hat Tischdienst, aber der Eßsaal ist doch nicht ausgefegt. Versteht ihr, das sind alles kleine Dinge. Das Freizeitprogramm wurde abgewickelt. Und doch wird heimlich der Segen der Freizeit verhindert, weil ständig die Nebel der kleinen Untreue dazwischen sind. Vielmehr als wir ahnen, werden wir jungen Männer unglaubwürdig, wenn dieser Mangel an der Treue im Kleinen deutlich wird. Nicht unsere großen Programme predigen, sondern die Beweise im Heiligen Geist und in der Kraft.

5. Böse Wurzeln!

Ich bin so froh, daß wir das alles in einem ganz stillen Gespräch miteinander bereden können. Wenn du nur ja nicht meinst, das sei eine feierliche, fromme Festansprache! Hier geht es um eine ganz praktische, handfeste Arbeitsfrage. Es geht um viel verhinderten Segen durch Untreue im Kleinen. Ich habe aber immer wieder entdeckt, daß das alles an einer Stelle seine Wurzel hat: Tönt aus unserem persönlichen Leben das Echo der Treue Jesu? Ich möchte das ganz offen bekennen: Der Kampf bei mir beginnt schon bei der Morgenwache. Wie manchesmal nahm ich es da nicht so genau. Ich bin doch auch anfällig für dies böse Zuflüstern des Versuchers, der mir beibringen will, ich hätte keine Zeit zum stillen Gebet und zum Bibellesen. Dann versuche ich, mir selber einzureden, ich könne nicht so treu sein im Bibellesen, weil ich andere Dinge treu tun müsse. Das ist die Lüge aus der Hölle. Keine Blüte und keine Frucht wächst ohne Wurzel. Und alle persönliche Treue wurzelt in meinem Leben da, wo mir der persönliche Umgang mit Jesus jeden Morgen wieder ganz neu und ganz ernst ist.

Ja, das persönliche Echo! Jetzt brauche ich gar nicht mehr viel zu sagen. Diese kleine Untreue gegen das Wort schafft die scheinbar so geringe Untreue im täglichen Leben. O die kleine Lüge! O das so leicht genommene Unrecht! Wir haben es uns doch angewöhnt, daß wir es mit der Sonntagsheiligung nicht mehr so genau nehmen. Wie steht es denn um deine Sonntage? Ich sage dir, du nimmst es auch nicht mehr ganz genau mit der Wahrheit und mit einem reinen, keuschen Herzen. Der Jesus, der es so unendlich genau nahm, ruft uns nicht zu großzügigen, gewaltigen Plänen, sondern fängt bei uns allen, bei mir und bei dir, ganz schlicht an mit der Übung in der kleinen Treue.

6. Böse Folgen!

Wenn uns das doch durchs Herz ginge! Es kann ja gar nicht anders sein, daß aus der bösen Wurzel der kleinen Untreue im eigenen Leben nun all das kommt, was uns so bedrückt. Unsere Vereine und Gruppen sind ein Musterbeispiel, wie die gewaltigen Dinge Gottes wie durch eine Säure zersetzt werden durch die Untreue in unserer Arbeit.

Wir nehmen es nicht mehr genau mit der Bibelstunde. Warum hast du denn neulich gefehlt? Wir nehmen es nicht mehr genau mit unseren Diensten. Da wird dann alles noch so hingehauen, aber nicht mehr wirklich als ein Auftrag Jesu brennend getan. Vor allem nehmen wir es nicht mehr genau mit dem Bruder. Neulich erzählte mir ein Mitarbeiter, sie hätten plötzlich die

Nachricht gehört, daß einer ihrer jungen Leute im Sterben liege. Dabei habe es ihn am meisten bedrückt, daß es keiner aus dem ganzen Verein wußte, daß der Betreffende schon vier Wochen leidend im Krankenhaus lag. Es hat keiner gewußt! Verstehst du, wie unser ganzes Reden sinnlos wird, wenn es sich nicht in der Treue im Kleinen bewährt?

Wir nehmen es auch nicht mehr genau mit unseren Ordnungen, mit unseren Beiträgen. Und all das zieht wie eine heimliche Bremse am Fortgang unserer Arbeit.

7. Bei mir fängt es an!

Neulich war ich an den Quellen des Rheins. Das konnte ich gar nicht fassen, als ich das sprudelnde Bächlein dort sah, daß daraus dieser gewaltige Strom werden soll, der riesige Schiffe trägt, wie wir es von Düsseldorf und Köln und Duisburg kennen. Es fängt an mit kleinen Quellen, aber viele Bächlein und Rinnsale fließen zusammen. Daraus wird ein gewaltiger Strom.

Unser Dienst fängt an mit der Treue im Kleinen, sonst fängt er überhaupt nicht an! Aus den unzähligen Bächlein dieser verborgenen Treue im Kleinen wird ein Strom des Segens, von dem unser ganzes Volk leben wird.

MUT ZU GERINGEN DINGEN

Das stille Gespräch, zu dem ich euch jetzt einlade, ist schon mitten im Gange. Etwa 25 prächtige junge Kerle sind daran beteiligt. Wir sitzen bei einer Gluthitze am Waldesrand und die Meinungen fliegen kräftig hin und her. Wir blenden uns ein:

Soeben hat ein etwas älterer Mitarbeiter mit bewegten Worten davon gesprochen, wie kummervoll das sei, daß die Arbeit an vielen Stellen ins Stocken geraten ist: „Brüder, wir sind müde geworden; darum sieht es an vielen Stellen oberfaul aus." Es war schade, daß ich kein Tonband bei mir hatte, um jetzt einmal festzuhalten, was nun kam. Einer um den andern entschuldigte sich. Es waren gar keine schlechten Gründe, die als Entschuldigung vorgebracht wurden. Jener junge Kaufmann hatte wirklich keine Zeit, nachdem er nun auch noch einen Kurs mitmachen mußte. Bei dem anderen war es schon zu verstehen, daß er keine Lust mehr hatte, weiterzumachen, nachdem man ihm im Gemeindehaus so viel Schwierigkeiten gemacht hatte. Übrigens entwickelte sich die gemeinsame Meinung: Wir können das überhaupt nicht. „Woher sollen wir denn den Stoff nehmen?" Mehrere erklärten: „Ich würde ganz gern eine Gruppe leiten, aber die Burschen hören ja nicht auf mich; ich kriege da keine Disziplin rein." Es war wirklich ganz munter, wie sich das Bild so abrundete.

Auf einmal redet ein junger Primaner. Es war scheinbar nur ein ganz zwangloser Bericht, den er dazwischenstreute. Aber ich spürte, daß in Wirklichkeit jetzt eine Bombe platzte: „Genauso haben wir drei Jahre lang gesagt. Darüber ist unsere Arbeit kaputt gegangen, und wir selber waren auch nicht glücklich. Aber seit einiger Zeit haben sich vier Mann zusammengetan. Seitdem wir uns entschlossen haben, die Arbeit zu tun, geht es auf einmal vorwärts. Disziplinschwierigkeiten haben wir nicht, aber die Gruppe wächst von einer Stunde zur andern." Und nun erzählt er, wie sie sich darin abwechseln, die Bibelarbeit zu halten und wie einer dem andern Mut macht, nicht auszubrechen. Vier junge Männer, die den Mut hatten, das Steuer in die Hand zu nehmen.

Von diesem Augenblick an war das Gespräch wie verwandelt. Ich konnte nur staunen, wie auf einmal dieser quälende Geist der Bedenklichkeit in die Flucht geschlagen war. Unter all dem, was jetzt besprochen wurde, war es, als ob Jesus selber jungen Männern ins Herz hineinprägen wollte: „Ihr werdet die Kraft des Heiligen Geistes empfangen, welcher auf euch kommen wird, und werdet meine Zeugen sein." Das ist mir an diesem ganzen Erlebnis so wichtig geworden:

a) E i n j u n g e r M a n n g a b s e l b s t d i e A n t w o r t ! Gesegnet sei dies Werk, in dem junge Männer solche Erfahrungen machen, daß sie ihren Kameraden Helfer werden. Wo sind diese stillen jungen Männer, die davon Zeugnis geben können?

b) E s g e s c h i e h t n o c h h e u t e ! Es passiert so leicht, daß wir ständig von der verklärten Geschichte zehren, die einmal unsere Väter erlebt haben. Manchmal macht mich das ganz krank, wenn wir auf die Frage, ob Jesus unter uns noch etwas wirkt, nur immer erzählen können, was vor 40 Jahren passiert ist. Denn h e u t e noch erlebt ein junger Mann, daß Jesus ihn in verpflichtenden Dienst nimmt. Geschieht das bei euch auch noch?

c) E s w a r e n n u r v i e r M a n n ! In Wirklichkeit wird es wahrscheinlich zunächst nur einer gewesen sein, bei dem es anfing. Das war ja schon Frucht, daß es vier waren, die so zusammenhielten. Aber was sind denn schon vier junge Männer! So gefällt es offenbar unserem Gott Leben zu schaffen, daß er solch eine kümmerliche Handvoll junger Männer nimmt und damit eine ganze Gemeinde lebendig macht.

Vor wenigen Tagen habe ich ein anderes Bild gesehen. Wir saßen in einem Kreis junger Männer, die alle in ausgezeichneten Stellungen in einer Stadt standen. Sieben Mann waren es. Sie hatten auch alle ein Herz voll Liebe zum CVJM; aber die Arbeit ruht. Nun saßen wir also in diesem Bruderkreis, freuten uns von Herzen, daß wir beieinander waren, aber wir wußten nicht weiter. Mit schweren Sorgenfalten stützten die jungen Männer ihre Häupter auf die Hände und unterstrichen immer wieder die Frage: „Was soll nun aus unserem CVJM werden?" Ich fürchte, es wird auch weiterhin aus diesem CVJM nichts werden, obwohl sie alle die Sache so lieb hatten. Junge Männer waren wohl da. Draußen wartete auch ein Riesenmaß an Arbeit, aber es fehlte der eine junge Mann, der Mut hatte anzufangen. Darum wird auch dort weiter wie an so vielen Stellen ein unsichtbarer Grabstein Zeugnis geben: „Hier ruht ein CVJM."

1. Ein Blick in die Bibel

Ich verstehe es, daß die Heißsporne unter den Jüngern an ihrem Herrn manchmal fast verzweifelt sind. Der wollte doch ein Reich aufrichten, das die Welt verwandelt. Aber man sah gar nichts davon. Bei Aussätzigen, mit denen kein Mensch etwas anfangen kann, hielt Er sich stundenlang auf. Mit schwierigen Männern hielt Er scheinbar völlig unnütze Gespräche. In Jericho quartiert Er sich bei Zachäus ein. Es wurden auch gar nicht mehr, die zu Jesus hielten; es wurden eigentlich immer weniger. Einmal standen die 12 Jünger ganz allein bei Jesus. Tausende waren weggelaufen. Und völlig unbekümmert hat dieser Jesus dann noch seine 12 gefragt, ob sie nicht auch weggehen wollten. Ich verstehe schon, daß manchmal die Jünger verzweifeln und ihren Herrn verbessern wollten.

Aber unter all dem haben es offenbar seine Leute doch gelernt, daß dies neue Königreich Jesu seine völlig eigenen Gesetze hat. Hier haben die geringen Dinge ihre ganz große Verheißung. Versteht ihr, da gelten wirklich nicht mehr die Gesetze dieser Welt. Nach den Maßstäben, in denen diese Welt lebt, müßte man von Anfang an die Sache beiseite schieben: Kümmerliche Sache! Aber das war das Wunder, daß die Jünger im Licht ihres Herrn die Entdeckung machen, daß in dieser „kümmerlichen Sache" ein unvorstellbarer Segen Gottes liegt.

Das alles läßt sich mit einem Satz sagen: E i n   M a n n   m i t   e i n e m   b r e n n e n d e n   H e r z e n   f ü r   J e s u s   i s t   e i n e   g e w o n n e n e   S c h l a c h t ! Hier steckt der Kern und die einzige Verheißung aller Arbeit im Namen Jesu. Unser Herr selbst hätte es vielleicht noch ganz anders ausgedrückt. Er hat so gern das Bild von Saat und Ernte gebraucht. Jede Arbeit im Namen Jesu ist unsichtbare Säearbeit eines einsamen Arbeiters. Aber keine Macht der Welt kann einem Saatkorn verbieten zu wachsen, Frucht zu bringen und neue Samenkörner auszustreuen. Traut dem Saatkorn und ihr werdet Wunder erleben! Habt Mut zu den scheinbar so geringen Dingen!

2. Mißtraut der Maschine!

Wir haben gut funktionierende Vereine und Gruppen, aber ich erschrecke immer wieder, wie leicht da der Wurm drinsteckt. Vom Vorstand bis hinunter zu unseren gelegentlichen Kostgängern sind wir auf einmal in der so beruhigenden Sicherheit: Wir haben einen guten Verein. Und in der Tat, die Maschinerie klappt! Es läuft und funktioniert alles herrlich. Aber auf einmal ist kein Leben mehr da und es geht auch keine Kraft mehr von dieser Maschine aus. Es ist plötzlich bei großem Lärm ein erschreckender Leerlauf.

Ich habe neulich ein Jahresfest mitgemacht. Das Programm war wirklich mit allen Schikanen ausgerüstet: Grußworte von Kirche und Staat; sogar der Ministerpräsident hatte ein Grußwort geschickt. Aber um mein Herz legte es sich wie mit einer kalten Hand: Ich gehe ja hier durch ein Museum. Die Maschine klappert herrlich, aber die geringen Dinge Jesu passieren hier nicht mehr. O wie sollten wir das Wort Paul Humburgs an alle Wände unserer Vereinshäuser hängen: „Nicht Räder einer Maschine, sondern Reben am Weinstock, das ist es, was wir sein sollen."

Verlaßt euch doch nicht auf das Funktionieren des Vereinsprogramms! Stützt euch nicht auf Methoden, von denen man sagt, daß sie klappen. Habt Mut zu dem so geringen Ding, daß ein junger Mann Jesus selber begegnet und von Ihm in den Dienst genommen wird.

Noch ein anderes Jahresfest fällt mir hier ein. Es war wirklich ein gewaltiger Tag mit einer gut vorbereiteten Festfeier. Scharen von Menschen waren gekommen. Mich hatte eigentlich dieser Tag sehr fröhlich gemacht. Als ich spät abends noch einmal durch die Vereinsräume gehe, sehe ich, wie zwei junge Männer in der Ecke miteinander reden. Als ich mich zu ihnen gesellte, schämte ich mich plötzlich, denn ihr Gespräch stockte. Dann haben sie mir aber doch gesagt, was sie so ernst miteinander verhandelt haben. Einer stammelte so daher: „Müßte es nicht in unserer Bibelstunde und in unserem Dienst ganz anders aussehen, wenn wir solche Feste feiern?" O mißtraut der gut funktionierenden Maschine! Habt den kühnen, tapferen Mut, bei den geringen Dingen Jesu anzufangen!

3. Gefahr des Mißverständnisses!

Es gibt nichts, was es nicht gibt. Es gibt wirklich auch keinen Segen, den wir nicht zum Fluch verwandeln. Man kann auch auf den geringen Dingen ausruhen, faul und träge werden. Das glaubt ihr mir doch wohl, daß ich mit dem, was ich hier schreibe, nicht der faulen Behaglichkeit das Wort rede. Wieviel kümmerliche, kleine Kreise gibt es, denen das genug ist, sich selbst zu bespiegeln und sich selber zu pflegen. Wenn im Saatkorn keine Wachstumskraft mehr ist, dann ist es unnütz geworden und nur noch zum Wegschütten gut. Kreise, die nicht mehr den unbändigen Willen zum Leben und zum Dienst für Jesus haben, sind reif für die Beerdigung. Wir messen das Leben nicht am äußeren Erfolg, aber Jünger Jesu stehen unentwegt in dieser Spannung: Wir wollen alle und sind glücklich, wenn uns der Herr einen schickt. Wir sind nie ruhig, so lange junge Männer von uns noch nicht erreicht sind, und wohnen im tiefen Frieden, wenn zwei oder drei versammelt sind in seinem Namen.

4. Nennt den Namen deutlich!

Ja, in seinem Namen! Vor einiger Zeit bekam ich einen Brief, der mich recht bewegt hat. Ich war da zu einem vom CVJM gestalteten Jugendtreffen weit weg von hier eingeladen. Ich war überrascht, wie ich dort ein Leben fand, bei dem man einfach spürte: Hier haben schlichte Männer Mut zu geringen Dingen gehabt. Und das hat ihnen Gott gesegnet. Ich vergesse nicht das Bild, als am Samstagabend Tausende an einem Berghang saßen. Grade als wir ankamen, tönte uns das Singen entgegen: „O daß du könntest glauben, du würdest Wunder sehn!"

Hinterher schrieb mir ein junges Mädchen, sie sei zu diesem Treffen mit großem Vorbehalt gegangen; denn sie sei in ihrem Gemeindejugendkreis immer wieder vor der „Engigkeit dieser Leute" gewarnt worden. Aber bei diesem Treffen sei bei ihr Entscheidendes passiert. Sie habe eine merkwürdige Sache entdeckt: „Da, wo wir Kirche sagen, sagt ihr Jesus. Das hat mich so froh gemacht." Mich selber hat dieser Brief darum so gepackt, weil mir solch ein junges Mädel, das uns zunächst gar nicht mit guter Gesinnung begegnete, plötzlich deutlich zeigt, was junge Menschen fröhlich machen kann. Es liegt einfach eine sonderbare Verheißung auf dem Namen Jesu: „Wer den Namen des Herrn Jesu anrufen wird, der wird selig werden."

Brüder, sind wir nicht alle in Gefahr, das für viel zu gering zu halten? O wie oft höre ich den oberflächlichen Satz: „Sie können doch nicht mit der Bibel ins Haus fallen!" Ich möchte einmal wissen, mit was wir denn ins Haus fallen sollen. Meinen wir denn im Ernst, unsere spaßigen Unternehmungen, unser Tischtennis oder unsere Geselligkeiten könnten ernsthaft einem jungen Menschen helfen? Wir sollten uns alle miteinander gründlich schämen, daß wir dem Namen Jesu oft so entsetzlich wenig zutrauen.

Nennt den Namen deutlich! Traut doch wirklich diesen geringen Dingen etwas zu, daß der Name Jesu heute noch Wunder tun kann. „O daß du könntest glauben, du würdest Wunder sehn!"

5. Geringe Dinge mit Dynamit!

Bei all dem kommt es aber immer wieder auf den Mann an. Auch die geistlichste Mitte kann bei uns so sein, daß der Tod im Topf ist. Es kommt immer wieder auf den Mann an, dem Jesus das Herz entzündet hat. Es kommt auf den Mann an, der den Ruf Jesu vernommen hat und dessen Leben gehorsam wurde. Ich kann das alles nur wie stammelnd sagen und doch möchte ich es euch an unserem ganzen Werk wie an einem Bilderbuch zeigen: Da fängt Leben an, wo Jesus mit jungen Männern anfängt. Eine persönliche Übergabe an Jesus hat immer Dynamit-Wirkung, die auch die totesten und festgebackensten Verhältnisse in Bewegung bringt.

Ich muß es noch ein wenig deutlicher sagen: Es kommt wirklich auf den Mann an! Ein Mann mit Jesus lernt den Wandel in den Maßstäben. Ihm sind die geringen Dinge nicht mehr gering. Jesus sagt einmal das merkwürdige Wort: „Wer dieser Geringen einen nur mit einem Becher kalten Wassers tränkt in eines Jüngers Namen, wahrlich ich sage euch, es wird ihm nicht unbelohnt bleiben." Ein Becher kalten Wassers! Das ist eine arme Sache. Aber Jesus hat sie mit dem Glanz ewiger Verheißung umgeben. Den Knechten Jesu ist das gründlich vergangen, um große Dinge zu eifern. Mir graut davor, wenn durch unsere Mitarbeiterschaft das Geschwätz von großen Planungen geht, als ob man eine Reichsgottessache wie einen Trust oder wie einen Konzern aufbauen müsse. „Wer das Geringe tut, als sei es etwas Großes, dem wird Gott geben, daß er das Große tut, als sei es etwas Geringes."

Darum Mut, Mut, Mut zu den geringen Dingen — und Demut!

HANS DAMPF IN ALLEN GASSEN

Ich habe im Kleinen Brockhaus nachgesehen, was eigentlich dieses seltsame Wort von dem Hans Dampf bedeutet. Brockhaus kann nicht erklären, woher der Ausdruck kommt. Er übersetzt nur: „Hans Dampf in allen Gassen = überall begeistert Tätiger." Das ist doch eigentlich eine wunderschöne Sache. Wirklich, der Mann macht zunächst tiefen Eindruck. Sollten wir nicht geradezu darum flehen, daß alle unsere Mitarbeiter unter diesem Kennwort zu entdecken wären: Überall begeistert Tätiger. Und doch wird hier deutlich: Es gibt eine begeisterte Tätigkeit und eine tätige Begeisterung, in die hat der Teufel geblasen. Sie ist der Tod unserer Seele und das Verderben aller Arbeit für Jesus. Es hängt an dem kleinen Wörtlein „Überall". Weil hier feurige Begeisterung sich überall austoben will, kommt sie nirgends zum Zuge.

1. Du kennst ihn doch?

Da sehe ich ihn vor mir, den Hans Dampf in allen Gassen, wie er in tausend Variationen durch unser Werk hindurchtobt und sich und andere unglücklich macht. Man muß ihn eigentlich so gern haben, diesen Typ; denn er brennt ja vor Eifer und hilft so gern an allen Ecken und Enden. Er hat auch immer wieder neue Ideen und geht „mit tausend Sachen" an alles heran. Und daher kommt es, daß er das Programm für die Jungenschaft machen soll, aber auch der Kirchenchor wartet auf ihn. Er hat nebenbei noch eine Verabredung im Stenografenverein und interessiert sich für die Europajugend. Er kennt auch so viele Menschen und stürzt von einer Veranstaltung zur anderen. „Keine Feier ohne Meier" und nichts passiert im Umkreis ohne unseren Hans Dampf in allen Gassen.

Du kennst ihn doch? Vielleicht steckt er dir im eigenen Herzen und hat er dich schon je und dann gefährlich angefochten.

2. Die haarscharfe Grenze

Glaubt mir, es ist gar nicht so leicht, den Hans Dampf zu entdecken. Ich erinnere mich an ein Gespräch, bei dem ich mich sehr geärgert habe. Da hat mir einmal einer mit sehr würdigen und gesetzten Worten Vorwürfe gemacht, man dürfe nicht so viel tun und es müsse alles seine Ordnung und Ruhe haben. Und mein Herz konnte nur dagegen aufschreien. Denn der Betreffende war einfach faul und ließ alles laufen, wie es lief. Daher lag dort über der ganzen Arbeit ein tiefer Schlaf.

Das ist die Gefahr, daß wir uns hinter diesem Wort verstecken und damit nun eine so gute Begründung haben, daß bei uns vieles nicht getan wird und daß wir uns gern der Ruhe hingeben. Ich habe Hemmungen, ob ich euch überhaupt über den Hans Dampf schreiben darf. Ich kenne nur allzuviele Mitarbeiter, die sind so müde und gemächlich geworden und treiben das Werk unseres Königs so lässig, daß ich nur wollte, es würde in ihren Gassen etwas mehr dampfen.

Nein, Jünger Jesu sind nicht faul. Man sieht sie bei der Arbeit. Sie haben keine Zeit, ihrer Ruhe zu pflegen. Es steht nirgendwo im Wort Gottes, daß wir unter allen Umständen unsere Kräfte schonen und gesund bleiben müßten. Ich möchte über diese lau gewordenen Mitarbeiter hinrufen: „Es ist kein Preis zu teuer, es ist kein Weg zu schwer, um auszustreun dein Feuer ins weite Völkermeer!" Bodelschwingh hat nicht umsonst den Satz gesagt: „Brüderchen, laß dir's gern sauer werden!" Man darf sich gern für den Heiland bis zur Erschöpfung tummeln.

Neulich war ich in einem Jungmännerkreis, der wie durch ein Wunder Gottes in einer Gemeinde entstanden ist, in der noch nie Jugendarbeit war. Und dadurch war es geschehen, daß ein junger Mann zu einer klaren Entscheidung für Jesus gekommen war. An ihm hing nun alles. Er mußte sich um die jungen Burschen und um die jungen Männer kümmern. Er sorgte dafür, daß ein Posaunenchor entstand. Er spielte mit den jungen Kerlen und hielt ihnen die Bibelarbeit. Sage mir keiner ein Wort über solch einen jungen Mitarbeiter, der seine ganze freie Zeit in den Dienst für Jesus stellt. Gott Lob und Dank, daß wir junge Mitarbeiter haben, die Jesus dazu willig gemacht hat, so viel Lasten auf sich zu nehmen, oft bis an den Rand des Möglichen.

Und doch gibt es da eine haarscharfe Grenze; wenn die überschritten wird, dann verkehrt sich alles ins Gegenteil und aus einem fleißigen Mitarbeiter ist ein übler Betriebmacher geworden; aus einem Zeugen Jesu ein Hans Dampf in allen Gassen.

3. Es gibt also zwei Gefahren

Ihr müßt darauf achten, daß der Weg des Glaubens in allen Stücken eine Wanderung auf einem schmalen Berggrat ist. Man kann nach beiden Seiten hin abstürzen; ja, der Weg ist so schmal, daß man ihn nur gehen kann, wenn uns eine starke, feste Hand, die selbst nicht wankt und abweicht, festhält. Wenn uns diese Hand nicht hält, sind wir verloren und stürzen so oder so ab.

Auf der einen Seite werden wir so leicht müde. Merkwürdig, wie gerade diese Gefahr junge Mitarbeiter bedroht. Es hat einmal eine Zeit gegeben, da hast du mit brennender Liebe im Dienst gestanden. Da wolltest du Kraft und Zeit für Jesus opfern. Und nun ist alles so anders geworden. Abgestürzt nach der einen Seite!

Genau so groß ist die andere Gefahr, daß einfach nicht mehr klar ist, wer hier Jäger und wer hier Wild ist. Du treibst nicht mehr die Arbeit, sondern sie treibt dich. Du stehst nicht mehr im gehorsamen Dienst, sondern bist ein Sklave der Geschäftigkeit geworden.

Ich würde nicht so ausführlich davon schreiben, wenn ich euch jetzt nicht von ganzem Herzen bitten müßte: Prüft euer Leben! Prüft es in allen Ecken und Winkeln, ob ihr noch gehorsame Dienstleute seid.

4. Was sind denn die Kennzeichen des Hans Dampf in allen Gassen?

a) Er muß überall dabei sein. Schon in dem ersten Punkt wird deutlich, wie notvoll die ganze Geschichte liegt. Es war ja vielleicht dein Eifer und deine Treue, die dich dazu drängten, dich um alles zu mühen. Und auf einmal ist es dir zur Gewohnheit geworden, daß du dich in jede Sache hineindrängen mußt und es einfach nicht mehr mit ansehen kannst, daß auch andere etwas tun.

b) Er muß immer etwas Neues anfangen. Kaum hat irgendein Mensch eine gesegnete Erfahrung gemacht, dann ist schon das Heer unserer Betriebmacher unterwegs und macht ein System daraus. Immer wieder muß etwas Neues her, damit die Suppe um alles in der Welt nicht anbrennt. Eben fingen wir einen Laienspielkreis an, dann muß es morgen schon wieder eine Evangelisation sein. Immer wieder neue Ideen, immer wieder neue Unternehmungen. Und kaum sind sie begonnen, dann sind sie schon wieder langweilig für unseren Hans Dampf in allen Gassen; denn eins kann er nicht: Zäh durchhalten!

c) Alles wird improvisiert. Es ist ja klar, der arme Kerl kann ja vor der Fülle dessen, was er tun will, nichts richtig machen. Es ist aber nichts so quälend im Reich Gottes als all die schlechtvorbereiteten und improvisierten vielen Unternehmungen. Man will einen Vorstoß zu der unerfaßten Jugend machen, aber er wird nicht recht vorbereitet. Man veranstaltet einen Abend besonderer Art, aber er bleibt kümmerlich. So geht das immer wieder, daß die schönen Gedanken zu Tode geritten werden, weil unser Hans Dampf dazugekommen ist.

d) Und nun kommt das Entscheidende: Er hat keine Stille mehr für sich selbst. Das ist das untrügliche Erkennungszeichen, ob wir mit unserer Arbeit noch auf dem rechten Wege sind. Wenn uns unser Dienst so hetzt, daß wir nicht mehr Zeit haben, mit Jesus zu reden und auf sein Wort zu hören, dann hat uns mitten im frömmsten Betrieb der Teufel fest. Da wollte er uns ja haben. Satan fürchtet nicht die geschäftigen Leute, aber er fürchtet die stillen Beter. So kommt das Merkwürdige zustande, daß ich hervorragend aktiv sein kann und bin doch mit all dem Tun auf der Flucht vor dem lebendigen Gott. Kann Jesus noch mit dir sprechen? Oder hast du vor lauter Eifer um Ihn keine Zeit mehr für Ihn?

Wenn das schon so weit mit dir ist, dann gibt es jetzt nur noch eins: Flucht, radikale Flucht aus der Geschäftigkeit! Und wenn alles Mögliche liegen bleibt: Du mußt zu Jesus hin, daß Er in seinem Erbarmen noch einmal einen brauchbaren Mitarbeiter aus dir macht.

5. Der einfältige Weg

Meine Not ist im Augenblick die, daß unser lieber Hans Dampf ja nun wirklich auch keine Zeit hatte, dies Wort, das ihm, gerade ihm gilt, zu lesen. Solltest du aber doch bis zu dieser Stelle mit mir gegangen sein, dann laß uns einen Augenblick still zusammensitzen. Wir haben es beide nötig, daß wir uns wieder hinführen lassen zu dem einfältigen Weg der fruchtbaren Diener unseres Gottes.

a) Wir können nur an einer Stelle durchbrechen. Die scheint im Zeitmaß unseres Tages gering, sie entscheidet aber schlechterdings über alles: Wir müssen wieder Stille mit Jesus haben! Nein, nicht ein geschäftiges, schnelles Gebet, nicht ein gewohnheitsmäßiges Erledigen der Bibellese; nein, wirklich ein tägliches stilles Gespräch mit Jesus. Wie lange das an jedem Tag dauert, läßt sich durch keine Ordnung regeln. Du mußt so viel Zeit dafür haben, daß du deinen Tagesablauf mit Ihm besprechen kannst, daß du mit Ihm redest über alle Aufgaben, die dich heute gefangen nehmen wollen. Du mußt auch mit Ihm darüber sprechen, ob nicht doch ein paar Mitarbeiter am Wege stehen, die du rufen und mit denen du zusammen arbeiten kannst; wenn du nur etwas stiller wärest. Jesus spricht: „Ich bin der Herr, dein Arzt." Welch ein Friede strömt in unser ganzes Leben, wenn wir im Gespräch mit Ihm sind.

b) Das bedeutet auch, daß ich mich leiten lasse, was aus der Fülle der Aufgaben wichtig und was unwichtig ist. Nur Jesus kann mir helfen, das Unwesentliche beiseite zu lassen. Man sollte das nicht für möglich halten, aber es ist wirklich so, daß ich erst im Licht der Ewigkeit die verschiedenen Grade und Werte recht einschätzen lerne von dem, was unter allen Umständen getan werden muß und was auch liegen bleiben kann.

Im Licht der Ewigkeit bekomme ich eine fröhliche Einfalt, daß ich wirklich ganz getrost viele Dinge, die sehr schön wären und die man vielleicht tun könnte, einfach liegen lasse. Es gibt in meinem Leben oft den Punkt, daß ich zu Jesus hinüberrufe: „Lieber Heiland, diese und jene Sache müßte noch unbedingt getan werden; aber ich kann es einfach nicht. Nimm du dich dieser Sache an." Das ist die herrliche Einfalt der Boten Jesu, die auch mitten im Getümmel weiß, daß ohnedies die wichtigen Dinge durch Jesus selbst und nicht durch uns getan werden.

c) Wir müssen unabhängig werden von Menschen. Es gibt so viele unter uns, die können nicht „nein" sagen. Und aus lauter Liebe und Barmherzigkeit lassen sie sich zum Packesel für alle und jede Aufgabe machen. Sie haben es so gut vorgehabt, aber können nun nichts mehr leisten, weil wichtige Aufgaben brach liegen. Der arme Hans Dampf wird ja keiner Aufgabe gerecht. Unsere Aufträge müssen uns von Jesus bestätigt und gewiß gemacht werden, auch wenn sie uns oft von Menschen angetragen werden. Wir stehen da in königlicher Freiheit und tragen die Verantwortung allein vor unserem Herrn.

d) Und doch auf die Brüder hören! Je freier und unabhängiger ich von Menschen bin, desto mehr werde ich gerade bei dem Ausrichten unseres Dienstes für den Rat der Brüder offen sein. Es gibt eine falsche Unabhängigkeit, die führt uns in eisige Vereinsamung. Und Einsamkeit ist kein Schutz vor falscher Geschäftigkeit. Gerade weil ich auf Jesus hören will und mir von Ihm zeigen lassen muß, was ich tun und was ich lassen kann, darum brauche ich auch die Brüder.

e) Ich muß noch eins sagen: Fällt euch nicht auf, daß der Hans Dampf unter uns im Grunde trotz viel Getümmels entsetzlich wenig leistet? Liegt es nicht oft daran, daß er vor lauter Geschäftigkeit seine Zeit geradezu unvorstellbar verplempert und vertut? Stellt eure ganze Woche und damit jeden Tag und jede Stunde unter eine heilige Zucht. Nicht so viel über die Arbeit reden und so viel aufgeregtes Hin-und-her-Rennen, sondern in heiliger Zucht und fröhlicher Einfalt das ganz tun, was der Herr befohlen hat.
Bruder, es ist eine fröhliche Sache, wenn man sein Leben im Dienst für Jesus verzehrt. F ü r Jesus heißt aber immer: Ganz eng m i t Jesus.

SOLL ICH IHN RAUSSCHMEISSEN?

Bis heute hat sich bei unseren Freizeiten die Einrichtung eines Fragekastens überraschend bewährt. Da ist es mir aufgefallen, daß immer wieder eine Frage auftaucht, die etwa so lautet: „Was machen wir denn nun mit schwierigen Jungens? Kann man sie einfach hinauswerfen?" Ich glaube schon, daß viele von euch Mitarbeitern von dieser Frage bewegt werden, und die, die noch nicht sonderlich davon berührt sind, sollten sich ernsthaft darüber Gedanken machen. Ich habe den Eindruck, daß diese Frage bis an die Wurzeln unserer gesamten Arbeit reicht.

1. Die Frage ist schon richtig

Dieser Tage sprach ich mit einem Jungscharleiter, der von ganz großer Traurigkeit erfüllt war. Ich hatte gerade bei ihm so sehr den Eindruck, daß er seine Jungschararbeit außerordentlich ernst nimmt und sich um seine Jungens kümmert. Aber dann erzählte er von drei Burschen, die ihm das Leben so schwer machen, die in jeder Stunde eigentlich nur dazwischensitzen, um zu stören, die aber jedesmal dann, wenn es ernst wird, völlig abschalten. Ich verstehe schon, daß dieser Jungscharleiter schließlich ganz erregt sagte: „Da hilft nur eins: rausschmei-ßen!"

Es ist ja eine ganz große Not, wie wir durch solche einzelnen Jungens betrübt und manchmal geradezu gequält werden. Solch einer kann uns die ganze Freude an der Arbeit verderben. Wer nur je einen Kreis von jungen Menschen geleitet hat, hat bestimmt schon erlebt, wie ein einziger unseren gesamten Kreis in Gefahr bringen kann. Ist es dann zu verantworten, daß solch ein Junge in unserem Kreis bleibt? Ist es denn nicht doch die einzige Hilfe, daß wir solche Burschen so schnell wie möglich vor die Tür setzen?

2. Eine Gegenfrage:

An dieser Gegenfrage hängt nun schlechterdings alles. Wie haben wir uns das eigentlich mit unserem Kreis gedacht? Jeder, der eine Gruppe leitet, steht unter dem brennenden Wunsch, daß er eine Schar zackiger Kerle hat. Das muß eine Freude sein, wenn wir in der Stunde beieinander sind oder gar bei einem öffentlichen Abend einen Schargesang auf der Bühne halten. Da muß „Schwung in der Kolonne" sein. Es ist von jeher bei allen Jugendgruppen, wo nur immer in der Welt Arbeit an jungen Menschen getrieben wird, der Wunsch, eine Art Elitegruppe zu haben, mit der man auch vor anderen Staat machen kann.

Ich muß hier etwas sehr Ernstes sagen: Ich glaube, daß hier der entscheidende Punkt liegt, an dem sich evangelische Jugendarbeit von aller anderen Jugendarbeit unterscheidet. Andere Jugendarbeit ist immer von dem idealistischen Menschenbild umgetrieben. Den alten Griechen stand das Idealbild vor Augen: das „Gute und Schöne". Wir träumen dann davon, daß sich dieses Idealbild in unserem Jugendkreis verwirklichen soll. Bei manchen unserer Jugendkreise habe ich die große Sorge, daß ihr völlig von diesem idealistischen Menschenbild und von dem Traum des Guten und Schönen her eure Arbeit aufbaut.

Die Regel für unsere Arbeit steht in Lukas 15 und ist von unserem Herrn dort selbst aufgestellt worden: „Dieser nimmt die Sünder an und isset mit ihnen." Das war damals unglaublich, und ist heute genau so unglaublich, daß solch ein Kreis nicht erschrickt, wenn ein verbogener und schwieriger Junge kommt, sondern sich geradezu daran freut, daß endlich solch ein Querkopf uns vor die Flinte gerät.

Wie staunend sagt der Apostel Paulus vom Geheimnis der Gemeinde Jesu: „Sehet an, liebe Brüder, eure Berufung, nicht viel Weise nach dem Fleisch, nicht viel Gewaltige, nicht viel Edle sind berufen, sondern was töricht ist vor der Welt, das hat Gott erwählt, daß er die Weisen zuschanden mache. Und was schwach ist vor der Welt, das hat Gott erwählt, daß er zuschanden mache, was stark ist; und das Unedle vor der Welt und das Verachtete hat Gott erwählt und das da nichts ist, daß er zunichte mache, was etwas ist. Von ihm kommt auch ihr her, ihr in Christo Jesu."

Das bedeutet doch nichts anderes, als daß wir nun einmal mit allem Eifer und mit aller Freude feststellen: Wir sind keine Elitetruppe, sondern ein Lazarett. Wir wissen darum, daß junge Menschen an den Schwierigkeiten ihres Charakters leiden. Wir wissen auch von all dem Jammer eines bösen Herzens. Uns erschreckt das nicht, sondern wir möchten gerade solche Jungen haben, daß sie zu uns in die Kur kommen.

3. Was hält denn unseren „Haufen" zusammen?

Das ist nun eine ernste Frage, wenn wir uns dieser Sache wirklich stellen, wenn das wirklich noch einmal über unseren Kreisen wahr würde: „Dieser nimmt die Sünder an und isset mit ihnen!" Dann spürst du aber doch wohl sofort, daß dies das Ende einer guten Kameradschaft zackiger Burschen ist. Uns muß ein ganz anderer Kitt, ein viel festerer Halt zusammenbringen.

Unser Heiland hat einmal gesagt: „Die Starken bedürfen des Arztes nicht, sondern die Schwachen." Da ist nun also einer, der dich schon lange peinigt und der dir viel Not macht. Dein ganzes Herz schreit nur eins, daß dieser Bursche jetzt hinausgeworfen wird.

Halt! Hast du an eins gedacht, daß gerade dieser schwierige Junge wie kein anderer die Barmherzigkeit Jesu braucht? Sieh doch einmal seinen schwierigen Charakter an! Was soll der arme Kerl im Leben machen, wenn der nun keinen Heiland findet? Unser Herr hat uns nicht umsonst die Geschichte erzählt, daß der Herr 99 Schafe stehen läßt, um dem einen weggelaufenen nachzugehen. Und du willst deine 99 pflegen und dafür sorgen, daß das eine verlorene Schaf deinen Kreis nicht verdirbt? Wenn du wirklich ein Beauftragter Jesu bist und nicht ein Jugendführer nach der Welt Art, dann ist dieser eine schwierige Bursche deine Hauptaufgabe. Denke immer an den guten Hirten, der 99 stehenlassen konnte um des einen einzigen willen.

Auch für den ist der Heiland gestorben! Oder gilt das Blut Jesu für diesen Jungen nicht mehr? Wenn aber Jesus sein Leben an diesen Jungen riskiert hat, dann kannst du ihn doch nicht laufen lassen!

Dieser Tage schrieb ich einem Bruder, er möchte sich doch um einen Jungen kümmern. Die Antwort war: „Ich habe mich erkundigt, der Junge ist asozial; es hat keinen Zweck, sich um ihn zu kümmern." Meine Brüder, das ist der Bankrott des Blutes Jesu, wenn das gelten soll. Vielleicht wäre für den ganzen Verein gerade dieser Asoziale die entscheidende Aufgabe gewesen. Aber wir ziehen die Hürde um die 99 nur viel strammer, damit uns nur ja keiner den feinen Kreis verdirbt.

Wie oft habe ich mit jungen Mitarbeitern um diese Frage ringen müssen. Einmal schrieb mir ein Leiter ganz verzweifelt, daß er nicht mehr weitermachen könne, die ganze Gesellschaft sei an Karneval in Sünde und Schande geraten; mit diesen Versagern könne er keinen Kreis bilden. Ich habe ihm nur antworten können: „Du hast völlig recht; aber da es nun einmal des Heilands Art ist, mit Versagern sein Reich zu bauen, ist es deine unsagbar schwere Aufgabe, jetzt diese Jungens nicht loszulassen. Gerade weil sie Versager sind, brauchen sie wie kein anderer einen Heiland!"

Stimmt das, meine Brüder? Wenn das nicht mehr stimmen soll, dann stimmt das Evangelium nicht mehr.

4. In jedem schwierigen Jungen geht es eigentlich um mich selbst

Ich will dir diesen etwas seltsamen Satz erklären. Sieh, es klingt so einleuchtend, wenn du von solch einem Jungen sagst, jetzt hättest du genug Geduld gehabt, jetzt sei deine Geduld zu Ende. Ach Freund, wenn unser Heiland einmal so sagen würde? Was hat dieser Jesus mit dir und mir Geduld haben müssen.

Nur wer täglich aus diesem ganz großen Erbarmen lebt, kann evangelischer Jugendführer und Mitarbeiter sein; denn er allein sucht nicht mehr zackige Burschen, sondern ihn treibt ein Erbarmen, das kein Ende findet, gerade zu den schwierigen Jungen, weil das Erbarmen Jesu kein Ende hat.

5. Soll ich mir denn alles gefallen lassen?

Auf keinen Fall! Gott will ja aus den Versagern brauchbare, tüchtige Boten machen. Darum darfst du ruhig das Ziel vor Augen haben, daß aus deinen schwierigen Jungen einmal eine Schar prächtiger Zeugen wird. Jeder, der junge Burschen und junge Männer sammelt, muß immer ein dreifaches Ziel vor Augen haben:

a) Wir sind eine Lebensgemeinschaft verbogener und verdorbener Sünder um Jesus her.

b) Wir sind aber auch eine Erziehungsgemeinschaft, eine Bruderschaft, die lernt, ihr ganzes Leben unter die Zucht Jesu zu stellen.

c) Und so werden wir schließlich eine Tatgemeinschaft, eine Schar von jungen Menschen, die ihr Leben Jesus zum Dienst zur Verfügung stellen.

6. Was soll ich aber denn in solch schwierigen Fällen tun?

a) Vor allem mußt du deine schwierigen Burschen lieb haben; gerade sie mußt du besonders lieb haben. Jetzt halten wir einen Augenblick still: Hast du deinen schwierigen Fall, der dir so viel Not macht, wirklich noch lieb, so wie Jesus dich lieb hat? Sonst kannst du kein Helfer und Seelsorger sein.

b) Glaubst du wirklich, daß das Wort Gottes stärker ist als ein trotziges und böses Menschenherz? Glaubst du auch immer noch daran, wenn du zunächst lauter Enttäuschungen erlebt hast? Sonst kannst du nichts mehr ausrichten an dem schwierigen Jungen.

c) Ein paar ganz praktische Winke: Die schwierigen Fälle sind dir natürlich in besonderer Weise aufs Herz gelegt und du mußt alles Mögliche versuchen, um gerade mit denen fertig zu werden.

1. Oft hilft ein ganz liebes Gespräch. Dabei machst du wahrscheinlich die seltsame Entdeckung, daß der Junge an seinem bösen Herzen selber am meisten leidet. Du mußt ihm zur „Entkrampfung" helfen. Er muß spüren, daß du sein Verbündeter bist im Kampf gegen dieses böse Herz, nicht sein Prügelmeister. Was verbirgt sich oft hinter solch einem bösen, trotzigen Herzen! Schwierige Jungens, die uns so quer kommen, sind in der Regel besonders liebebedürftig.

2. Sprich immer nur mit dem Jungen und mit Jesus über die Sache, nie beschwerdeführend mit den Eltern. Jede Beschwerdeführung bei den Eltern vermauert uns das Vertrauen des Jungen.

3. Sprich mit ein paar vertrauten, zuverlässigen Jungens, daß sie den Burschen in die Mitte nehmen. Sorge unauffällig dafür,

daß er in der Stunde nicht hinten an einem schlecht übersehbaren Platz sitzt. Zieh ihn möglichst in deine Nähe und sorge dafür, daß rechts und links ein paar brauchbare Burschen sitzen.

4. Daraus kommt das wichtigste: Sorge dafür, daß dein schwieriger junger Mann einen guten Freund bekommt; einer der zuverlässigen treuen Jungens muß auf sich nehmen, daß er die Freundschaft dieses jungen Mannes sucht.

5. Oft handelt es sich um eine kleine Clique, die dir solche Schwierigkeiten macht. Gib dir Mühe, daß in der Stunde diese Clique nie zusammensitzt. Sie muß unauffällig durch ein paar gute Jungens, die mitmachen, gesprengt und auseinandergebracht werden.

6. Wahre Wunder wirkt es, wenn du gerade dem schwierigen Jungen eine Aufgabe anvertraust. Mir erzählte ein Jungenschaftsleiter: Ich habe meinen schwierigsten Jungen zum Wimpelträger gemacht; seitdem habe ich keine Schwierigkeiten mehr mit ihm. Vertrauen hilft besser als Anpfiff und Strafpredigten.

7. Ein Jungenschaftsleiter erzählte mir, daß er ein paar mal seine schwierigen Jungens auf sein Zimmer geladen habe. Seitdem seien alle Schwierigkeiten beseitigt.

8. Vor allem sprich viel mit Jesus über deine schwierigen Jungens. Ihr müßt diese notvollen Jungen mit einer Mauer des Gebetes umgeben. Jesus kann helfen.

7. Soll ich denn überhaupt keinen hinauswerfen?

Es kann der Fall eintreten, daß ich tatsächlich einen Jungen hinaustun muß. Jetzt bedenke nur dabei, daß das der allerletzte und äußerste Fall ist, der nur dann eintreten darf, wenn alle anderen Mittel versagt haben. Tue es aber nie im schnellen Zorn. Das muß eine heilige Handlung sein, wenn du solch einen Jungen beiseite nimmst und ihm ohne Zorn, aber mit der ganzen Traurigkeit deines Herzens sagst, daß er vorerst nicht mehr kommen darf, weil er die Sache Jesu aufhält. Und jetzt mußt du dich um diesen Jungen besonders kümmern. Du mußt ihn nach einiger Zeit besuchen; der Junge muß spüren, daß du ihn nicht losgelassen hast. So kann dann dies letzte und schwerste Mittel, das eigentlich nie vorkommen sollte, doch auch noch zu einem Segen werden.

Ach Brüder, arme, verlorene Sünder sollen durch Jesus ein neues Leben gewinnen. Sorgt dafür, daß dies die Grundlinie eurer ganzen Arbeit ist und bleibt!

DARF ICH DENN NUN TANZEN?

Ein großes Unglück ist passiert! Mehrere Tage lang war ich zu einem Dienst in einer Stadt. Eine der Tageszeitungen tat mir sogar die Ehre an, ein Bild von mir zu bringen. Aber — o weh! — der Fotograf hatte einen „Schnappschuß" erwischt, der mich dabei zeigte, wie ich meine Pfeife stopfte. Und das Heer der Leser sah mich nun im Bild bei dieser Tätigkeit. Prompt bekam ich denn auch einen Brief, durch den mir jemand mit Bestürzung schrieb, ich könne doch unmöglich klar bekehrt sein, wenn ich noch Pfeife rauche. Ohne Zweifel eine ernste Frage. Ihr dürft mir glauben, daß ich den Brief nicht so schnell weggelegt habe.

Sprechen wir uns doch einmal in stiller Zwiesprache darüber aus; denn dahinter steht eine ganz ernste Frage, die keinem, der es mit Jesus halten will, gleichgültig bleiben kann. Es ist kein Zufall, daß ein lebendiges Jungmännerwerk und seine Mitarbeiterschaft immer wieder von den Mitteldingen aufrichtig beunruhigt und bewegt wird.

1. Was sind denn Mitteldinge?

Wenn ein Mensch durch die Begegnung mit Jesus den Frieden seines Lebens gefunden hat, dann erwacht in ihm etwas ganz Neues, was anderen lächerlich erscheint. Er will unter keinen Umständen mehr seinen Herrn betrüben. Jünger Jesu haben eine Freude daran, auf den Wegen ihres Gottes zu gehen, und nichts betrübt sie so sehr wie die Tatsache, daß sie soviel Ungehorsam und Unreinheit täglich in ihrem Leben entdecken müssen.

Nun gibt es Dinge, die durch die 10 Gebote klar geordnet sind. Darüber gibt es keine Diskussion. Wer zu Jesus gehören will, der kann nicht stehlen, nicht morden oder huren. Die Dinge liegen für uns völlig klar. Hier weiß unser an Gottes Wort gebundenes Gewissen ganz genau, was Sünde ist. Laßt uns diese Dinge nicht verwischen oder unklar machen.

Dagegen gibt es ein weites Gebiet, auf dem die Dinge nicht so ganz klar liegen. Hier liegt kein göttliches Gebot vor, und die Dinge selbst scheinen zunächst völlig harmlos zu sein. Und doch erwacht in einem von Jesus geweckten Gewissen ein banges Fragen. Ihr kennt doch die ganze Fülle der Dinge, die uns Not machen: Darf man rauchen? Können wir tanzen? Ist es erlaubt, Wein zu trinken? Darf man Kartenspielen, ins Theater gehen? So geht die Fülle der Fragen immerzu. Ganz gewiß gibt es eine Art, die aus der Angst und Sorge nicht mehr herauskommt. Das ist nicht der Wille Gottes. „Ihr habt nicht einen knechtischen Geist empfangen, daß ihr euch abermals fürchten müßtest." Und doch rate ich keinem, diese Fragen leicht zu nehmen.

2. Warum sind denn die Mitteldinge so gefährlich?

Hier erbitte ich klaren Blick! Keins dieser Dinge ist an sich sündig. Wenn der Heiland zum Abendmahl Wein nahm, dann kann der Wein an sich nicht Sünde sein. Die bewegten Bilder eines Kinoapparates sind zunächst einmal eine ganz herrliche Erfindung. Wenn David vor der Bundeslade vor Freuden tanzte, dann ist das rhythmische Bewegen als Ausdruck einer Freude ganz gewiß keine Sünde. Wir sind bestimmt auf falschem Wege, wenn wir Wein und Kinoapparat, Tabak und musische Bewegung als satanische Erfindung verdammen. Das widerstreitet Gottes Wort.

Aber während ich das schreibe, wird es mir schon höchst ungemütlich. Mir fällt da eine kleine Geschichte ein, die man von Professor Schlatter erzählt. Zu ihm sagte wohl einmal ein junger Student: „Aber Herr Professor, Tanzen an sich ist doch keine Sünde." Darauf hat ihm Schlatter geantwortet: „Nein, sicher nicht, aber tanzen Sie einmal an sich." Ich brauche euch das ja gar nicht aufzuzählen, wie jetzt auf einmal etwas Unheimliches sich vollzieht. Satan benützt diese scheinbar harmlosen Dinge, um sich ihrer zu bemächtigen. Plötzlich tragen diese Dinge einen Geist an sich, vor dem uns unheimlich wird. Es vollzieht sich ein Dreifaches:

a) Diese an sich so harmlosen Dinge werden plötzlich mit einem Inhalt gefüllt, der ganz bewußt unsere ungebändigten Triebe anspricht.

b) Sie werden zu einem Tummelplatz der Welt, in die man bewußt Gott nicht hineinsehen läßt.

c) Diese Dinge fangen an, in uns Leidenschaften zu wecken, über die wir dann schließlich nicht mehr Herr sind und die uns zu gebundenen, versklavten Knechten machen.

Wie schrecklich solche Knechtschaft ist, kann mit keinem Wort beschrieben werden. Mein Vater erzählte von einem Hotelbesitzer, der ein sogenannter „Quartalssäufer" war. Wenn die Sucht über ihn kam, dann brach er in seinen eigenen Keller ein und betrank sich bis zur Bewußtlosigkeit, um nachher darüber in völlige Verzweiflung zu geraten. Ich sah einmal einen jungen Burschen in einem Gefängnis nach einer Zigarette heulen, daß es einen nur erbarmen konnte. O, diese Knechtschaft! Junge Männer haben mir oft bekannt: Ich kann ohne Kino nicht mehr leben. Das ist Sklaverei. Und darum, weil diese drei Dinge zusammenkommen, müssen wir schon gehörig aufpassen, daß wir nicht an diesen Mitteldingen unserer Seelen Seligkeit verlieren.

3. Wie sieht denn nun der Weg der Jünger Jesu aus?

Wir hätten es ja am allerliebsten, wenn wir diese quälende Frage endlich ein für allemal klären könnten. Am bequemsten wäre uns ein kleines Gesetzbuch, das verbindlich in diesen Nöten zurecht hilft, also etwa so: „Ach, Sie wollen wissen, ob der Christ tanzen darf? Einen Moment bitte. — § 297 Absatz 3c. . . ." Siehst du, das gibt es leider nicht. Jede gesetzliche Regelung dieser Frage steht unter der schweren Last: „Das Gesetz richtet Zorn an." Es schafft nicht nur ein unerträgliches Joch, sondern zwingt, ähnlich wie es sich im Spätjudentum entwickelte, ein fröhliches Christenleben in immer größere Abhängigkeit von Gesetzeslehren.

Nein, das Evangelium gibt uns nur eine frohe Antwort: Du hast einen Herrn, dem du ganz gehörst. Dieser Herr hat dich teuer erkauft. Nun gehöre Ihm wirklich ganz. Jünger Jesu leben so, daß ihr Herr und Heiland in jedem Augenblick dabei sein kann. Siehst du, darum ist Christus das Ende des Gesetzes und die Erfüllung des Gesetzes. Dein Weg steht unter Jesu Augen. Damit ist alles gesprochen.

Aber halt! Mache dir das bitte nicht zu leicht. Der Apostel Petrus warnt einmal so ernst: „Denn das ist der Wille Gottes, daß ihr mit Wohltun verstopfet die Unwissenheit der törichten Menschen, als die Freien, und nicht, als hättet ihr die Freiheit zum Deckel der Bosheit, sondern als die Knechte Gottes." Es ist geradezu erstaunlich, wie wir unter diesem Deckel, wir seien durch Christus frei geworden, ein altes, ungebrochenes und oft so gebundenes Leben führen. Jesu Augen sehen auf meinen Weg! Das ist Glück und Seligkeit. Das ist aber auch die Beschlagnahmung unseres ganzen Lebens. Wir sprechen kein Wort, das Er nicht hört; wir tun keinen Schritt, den Er nicht begleitet; wir senden keinen Blick, der nicht an Ihm vorübergeht. Lebe so, daß Jesus zusehen kann!

4. Bewährte Regeln

Nun ist in der Frage eigentlich alles gesprochen und eigentlich müßten wir jetzt gar nichts mehr hinzufügen. Weil es aber so schwer ist und voller Anfechtungen, den Weg unter Jesu Augen zu gehen, darum haben Christenmenschen ganz bestimmte Ordnungen und Regeln, die sich auf dem Weg zum ewigen Leben bewährt haben. Darum bitte ich euch, daß ihr euer Leben an diesen Regeln prüft, so wie der Maurer seine Mauer an einem Senkblei ausrichtet. Alle diese Regeln sind in der großen Regel des Apostels zusammengefaßt: „Alles ist euer, ihr aber seid Christi." Nur wer beide Teile dieses Satzes spricht, wird seine Freude erfahren.

a) Du darfst frei sein von aller Furcht. Meine Seligkeit liegt nicht darin, daß ich dies und jenes lasse, sondern allein darin, daß Jesus Christus sein Leben für mich gelassen hat. Darauf will ich fröhlich leben und einmal selig sterben.

b) Aber nun findet ihr unter Christen, daß sie wie in brüderlicher Absprache dort etwa nicht rauchen oder hier keinerlei Alkohol zu sich nehmen. Ihr findet, daß Christen an Vergnügungen, wie sie in dieser Welt gang und gäbe sind, nicht teilnehmen. Das ist durchaus noch keine Gesetzlichkeit. So billig solltet ihr das nie beurteilen.
Da haben Menschen in einem Dorf erlebt, daß diese Dorfgemeinschaft wie ein Zwang ist, der alle bindet. In dem Augenblick, in dem nun diese Menschen Jesus fanden, mußten sie

ein Zeichen aufrichten, an dem deutlich wurde, daß Christus sie aus diesem Dorfzwang erlöst hat. Sie meiden z. B. die Wirtschaft, nicht weil das ein Gesetz oder die Wirtschaft sündig wäre, sondern weil sie hier kundtun, daß Gott sie aus üblem Zwang und bündischer Sitte erlöst und befreit hat. Wir sollten wieder mehr Mut haben, solche Zeichen aufzurichten.

c) Um des Bruders willen. Ich hätte vielleicht Freiheit, dies und jenes zu tun. Aber wir sollten einmal 1. Korinther 8 gründlich durchlesen. Dort sagt der Apostel so ernst, daß meine Freiheit so leicht den Bruder zur Sünde verführt. Darum gibt es eine Menge Dinge, die wir um des schwachen Bruders willen einfach radikal lassen müssen. Du könntest dir vielleicht einmal einen guten Film ansehen. Ahnst du denn, wie deine Jungenschaftler und all die anderen jungen Männer, die dich kennen, auf einmal nur den einen Gedanken daraus ziehen: „Ach, der geht ja auch ins Kino, dann wird es nicht so schlimm sein. Und nun hast du ihm die Tür geöffnet, daß er vielleicht ein Knecht des Kinos wird. Du könntest vielleicht je und dann ein Glas Bier oder Wein vertragen, aber nun siehst du, wie andere davon geknechtet werden. Da kann es passieren, daß Gott dir deutlich macht, daß du um des Bruders willen nun diese Sache ganz lassen mußt.

d) Wir brauchen wieder Zucht. Es war kein schlechter Gedanke, als in früheren Jahren unsere Jungmännergruppen und Jungenschaften es sehr ernst damit nahmen, ihren Leib und ihr Leben in heilige Zucht zu nehmen. Was meint denn Paulus anders als dies, wenn er schreibt: „Ich betäube meinen Leib und zähme ihn, daß ich nicht den anderen predige und selbst verwerflich werde" (1. Kor. 9, 27).

e) Noch einen Spatenstich tiefer! Ihr solltet alle diese Dinge unter einem Gesichtspunkt prüfen: Was aufbaut und fördert, will ich gern gebrauchen; was mich in der Heiligung hindert, muß mir absterben. Laßt mich z. B. ein offenes Wort zum Kino sagen: Ich höre mit Erstaunen, wie unter uns das heutige Kino immer wieder als Erziehungs- und Kulturstätte gepriesen wird. Ich muß offen gestehen, ich verstehe nicht viel davon. Aber wenn ich die Kinoreklamen und Kinoanzeigen sehe, dann möchte ich den sehen, der mir das ableugnet, daß die Mehrzahl der Filme brutal und nackt die Triebe in uns anspricht. Meint ihr, das sei ungefährlich für einen Jünger Jesu, wenn er ständig diese Bilder in sich einsaugt? Meint ihr, das sei ungefährlich für einen jungen Mann, wenn er sich ständig in dieser schwülen Atmosphäre mit der kennzeichnenden süßen Musik bewegt? Ähnlich geht es mir, wenn ich bei meinen Fahrten in die Säle der Tanzvergnügungen hineinsehe. Tanzen an sich ist wahrhaftig keine Sünde; aber ich möchte keinem jungen Mann raten, daß er sich in dieser Atmosphäre seichter Tanzunterhaltungen wohlfühlt. Man braucht noch lange nicht gesetzlich zu werden und spürt doch, daß die überall so sexuell geschwängerte Atmosphäre Jünger Jesu zu einer Entscheidung ruft.

f) Wir spüren heute den brennenden Auftrag, mit unserer Botschaft nach außen zu dringen. Ich habe den Eindruck, daß wir darüber vergessen haben, wie ernst der Apostel sagt: „Ziehet nicht am gleichen Joch mit den Ungläubigen." Sollten wir nicht wieder einmal gründlich darüber nachdenken, was eigentlich Heiligung heißt?

5. Zum Schluß zwei Worte an Mitarbeiter:

a) Den jungen Menschen gegenüber, die uns zugeführt werden, gilt die Regel: Nicht soviel verbieten, sondern bessere Freuden schaffen! Suchende Menschen dürfen nicht den Eindruck gewinnen, daß der Christenstand nur aus Verbotstafeln besteht. Hier ist die herrliche Aufgabe, in einer verrotteten Welt wieder Raum zu machen für saubere Freude.

b) Aber für Mitarbeiter gilt, daß sie um ihres Dienstes willen viel lassen müssen, was andere getrost tun können. Als das Land Kanaan an die zwölf Stämme des Volkes Israel verteilt wurde, bekamen die Glieder des Stammes Levi „kein Teil noch Erbe". Das schien zunächst sehr ungerecht. Und doch war das der ausgesprochene Wille Gottes. Die Kinder Levi dienten im Heiligtum. Darum hatten sie eine andere Stellung zu den Gütern dieser Erde als alle anderen. Es gilt auch heute noch bis zum letzten Mitarbeiter die Regel der Diener im Hause Gottes: „Sie sollen kein Teil noch Erbe haben, d e n n d e r H e r r i s t i h r E r b e."

SCHLÜSSELBUND DER LAGERSEELSORGE

Als ich eben 25 Jahre geworden war, ereigneten sich in wenigen Tagen drei einschneidende Dinge nacheinander: Ich machte mein zweites Examen — ich heiratete — ich kam als Pfarrer nach Witten. Waren das Tage! Ich weiß heute noch nicht, woher diese Gemeinde den Mut nahm, mich jungen, unerfahrenen Kandidaten zu wählen. Ich vergesse den Augenblick nicht, als meine Frau und ich zum erstenmal vor unserem Haus standen. Unser Haus! Ach, es lag freilich noch recht fremd und verschlossen vor uns. Aber, da kam jener selige Augenblick, der zu den schönsten meines Lebens gehört, als mir feierlich der Schlüsselbund überreicht wurde, der Schlüsselbund zu unserem Haus. Nun konnten wir hineingehen. Die erste verschlossene Tür ging auf. Wir standen im Flur, um uns her wieder verschlossene Türen. Aber wir hatten ja einen Schlüsselbund und konnten nun Zimmer um Zimmer für uns erobern, bis dies fremde, verschlossene Haus nun wirklich u n s e r Haus war.

Zunächst ist auch jeder Mensch und jeder junge Mensch für uns ein Buch mit sieben Siegeln, ein verschlossenes Zimmer. Das spüren wir besonders eindrücklich auf unseren Lagern und Freizeiten. Diese sind nun genau soviel wert, als es uns gelingt, verschlossene Türen aufzuschließen; wahrhaftig nicht für uns, sondern für den, der nun ständig und immer in Menschenherzen wohnen will. Ich möchte euch, ihr Mitarbeiter, für diese so wichtige Aufgabe einen Schlüsselbund mitgeben, der euch helfen soll, all das, was verrammelt und verschlossen ist, aufzuschließen.

Ich kam einmal von einer langen Reise spät in der Nacht zurück. Als ich vor meiner Haustür stand, entdeckte ich mit Bestürzung, daß ich meinen Schlüsselbund vergessen hatte. Das waren verzweiflungsvolle Augenblicke, denn es wollte ein verhängnisvoller Zufall, daß auch die Schelle nicht ging. Da stand ich doch tatsächlich stundenlang vor meinem eigenen Hause und kam nicht hinein, nur weil ich den Schlüssel vergessen hatte. Daß es euch nur ja nicht so geht, wenn ihr all die vielen

Dinge für die Durchführung eines Lagers vorbereitet und durchdenkt! Daß ihr nur ja nicht im entscheidenden Augenblick an verschlossenen Türen rüttelt: „Ich habe meine Schlüssel vergessen!"

Nun sind wir uns darüber einig, daß es eigentlich nur einen gibt, der Herzen aufschließen kann. Das hat sich Jesus vorbehalten, daß er den Schlüssel fest in der Hand hält. Darüber bin ich unsagbar froh. Wie sollten wir sonst unsere Arbeit tun können, wenn nicht unser Herr selbst „die Hand am Drücker" hätte? Der kleinen und offenbar recht schwachen Gemeinde in Philadelphia hat dieser Jesus so tröstlich zugerufen: „Das sagt der Heilige, der Wahrhaftige, der da hat den Schlüssel Davids, der auftut und niemand schließt zu, der zuschließt und niemand tut auf. Siehe, ich habe vor dir gegeben eine offene Tür und niemand kann sie zuschließen" (Offb. 3, 8). Dabei soll es auch bleiben, daß alles davon abhängt, daß unter uns Jesus Platz hat.

Aber nun ist es einmal so, daß dieser Jesus aus unbegreiflicher Barmherzigkeit heraus uns zu seinem Dienst gebraucht. Unser kümmerliches Mühen darf mit dazu dienen, daß die Herzen junger Menschen plötzlich offen werden. Aber laß dir das doch deshalb sagen: Vergiß nur ja die Schlüssel nicht!

Ich will dir meinen Schlüsselbund zeigen!

1. Der Glaube bricht durch Stahl und Stein

In der Bibel wird uns eine interessante Geschichte erzählt. Jesus war in einem Dorf. Von allen Seiten strömen Menschen heran, um ihn zu hören. Plötzlich sind da ein paar Männer, die hatten auf einmal keine Ruhe, daß nur sie selbst Jesus sehen und hören sollten. Es fiel ihnen ein, daß ihr Freund gelähmt zu Hause lag und nicht zu Jesus hinkonnte. Da haben sie unter viel Mühe und Beschwerden ihren gelähmten Freund hergeschleppt. Es war wahrhaftig keine leichte Sache. Sie waren oft drauf und dran umzukehren. Und doch ließen sie nicht eher ab, als bis sie ihren kranken Freund bei Jesus hatten. Da steht nun der interessante Satz: „Da Jesus i h r e n Glauben sah ..." Verstehst du, nicht den Glauben des Kranken, sondern den Glauben der Träger! Als Er diesen Glauben sah, hat Er lauter Wunder getan. In dieser Lage befinden wir uns doch, wenn wir unsere Freizeiten beginnen. Um uns her sind junge Kerle, die den Weg zu Jesus nicht mehr finden. Ihrem Glauben sind die Beine gebrochen. Irgendetwas hat sie gelähmt und gichtbrüchig gemacht. Sie finden nicht mehr hin zu Ihm. Jetzt müssen wir sie heranschleppen, jetzt müssen wir für sie bei Jesus eintreten. Jesus will u n s e r e n Glauben in dieser Sache sehen, dann kann Er Wunder tun.

Eine ganz schlichte, aber entscheidende Frage: Glaubst du wirklich, daß Jesus bei euch Wunder tut? Glaubst du das für jeden einzelnen und willst du ihn im Glauben Jesus vorhalten? Ich fürchte, daß es schlecht bestellt ist mit diesem Glauben.

2. Das Gebet sprengt vermauerte Türen

Wir haben einmal in einem Lager etwas Schreckliches erlebt. Ein junger Mann, der völlig harmlos vor dem Lager spazierenging, geriet in eine böse, schmutzige Geschichte hinein. Das, was uns so erschreckte, war dies: Da war von weither ein Mann herangereist, der sich in der Nähe unseres Lagers aufhielt in der Hoffnung, irgend einen der jungen Leute zu kriegen, um mit ihm schmutzige Dinge zu treiben. Wir ahnen ja gar nicht, wie viele böse Geister, wie viele verborgene Angriffe Satans, wie viele Wellen schmutziger Dinge um uns her sind. Wir sind merkwürdig harmlos.

Dabei können wir uns gar nicht wehren. Es gibt nur eins, was wir dem allem entgegensetzen können: Unsere Arbeit muß umgeben und eingehüllt sein von der Macht des Gebets. Das sieht man äußerlich nicht, aber das spürt jeder. Das wird zum Schlüssel an einem Herzen, wenn in einem Kreis gebetet wird. Ganz in der Stille, aber fest und regelmäßig müßt ihr einen Gebetskreis haben, der das gesamte Lagerleben mitträgt. In diesem Gebetskreis denken wir besonders an die Gefährdeten. Hier wird es deutlich, ob ihr wirklich glaubt. Wir ahnen nicht, mit welcher Kraft solch ein Beten unsichtbar an den Herzen aller Teilnehmer arbeitet.

3. Aber Zeit muß man haben

Hier rede ich mit mir selbst. Wie oft habe ich mich und die mir Anvertrauten in Freizeiten und Lagern um einen großen

Segen gebracht, weil ich so flüchtig war und keine Zeit hatte. Im letzten Lager habe ich mich selbst an die Kandare genommen und habe dabei geradezu erstaunliche Überraschungen erlebt.

Um mich selbst festzubinden, habe ich mitten im Lager mein Zelt aufgeschlagen. Dann bin ich in die nahe Stadt gegangen und habe einen kleinen Feldsessel gekauft. Auf dem habe ich einfach gethront wie ein Buddha und habe gewartet. Es war geradezu merkwürdig, wie ganz unausgesprochen die jungen Leute merkten: Da drüben sitzt einer, der offenbar Zeit für uns hat. So viele Freuden hatte ich schon lange nicht mehr erlebt wie in diesen Tagen, in denen nun einer nach dem andern kam und wir miteinander sprechen konnten. Das war offenbar ein wichtiger Schlüssel, einfach Zeit zu haben. Ja, mitten in der Nacht kamen sie noch, als es kein anderer sah. Und nur Gott allein weiß, was für Entscheidungen da ausgerungen worden sind.

Ich habe um viele Lager darum so Angst: Ihr prächtigen Mitarbeiter, ihr opfert euren Urlaub, ihr stürzt euch in das Getümmel, und nun müßt ihr alles und alles unternehmen, ihr müßt euch um die Küche kümmern und um den Sport; ihr macht Wanderungen und leitet das Handballspiel; ihr quält euch auch noch die Andachten ab und seid arme, geplagte Leute von morgens bis abends. Gott lohne euch, daß ihr euch so tapfer einsetzt.

Aber ist denn keiner da bei euch, der ein bißchen Zeit hat, damit Jungens zu ihm kommen können? Gerade den Schlüssel dürft ihr am Schlüsselbund nicht vergessen!

4. Haben auch die jungen Teilnehmer Zeit?

Man lernt ja immer wieder aufs neue. Da hatten wir doch einmal eine Freizeit, die war so glänzend vorbereitet, daß uns ein zügiges Programm von morgens bis abends beschäftigte. Ich war recht stolz auf dieses fabelhafte Freizeitprogramm. Kommt doch da einer der jungen Leute und sagt mir mit bedrückter Stimme: „Komisch, daheim, wenn ich in meiner Arbeit bin, komme ich immer zum Bibellesen; hier in der Freizeit, wo ich es besonders tun sollte, komme ich überhaupt nicht dazu." Da ging mir ein Licht auf, daß unser schönes Programm unser Ver-

hängnis war. Wir hatten die jungen Leute in einen Mords-
betrieb gebracht, aber nicht in die Stille. Es muß Zeiten bei
jeder Freizeit und bei jedem Lager geben, in denen es ganz still
ist. Das sind heilige Stunden, in denen über einem Lager maje-
stätisch liegt: Jetzt halten junge Menschen Audienz bei ihrem
König. Betrügt sie nicht um diese heiligen Stunden, sonst gehen
verschlossene Türen nicht auf!

5. Ein besonderer Dietrich!

Da hängt ein kleiner Schlüssel an meinem Schlüsselbund, den
habe ich selbst oft übersehen; aber grade er hat besondere
Gewalt bei unserem Aufschließen: Du brauchst Geduld! Geduld? Ein gefährliches Wort! Es gibt eine Teufelsgeduld, eine
Geduld, die aus der Hölle kommt. Die sieht so aus, daß man
alles laufen läßt und sich nicht um die verborgenen Schäden
und Sorgen kümmert. Gott bewahre euch davor!

Echte Seelsorger sind wie Jäger. Habt ihr einmal einen Jäger
beobachtet, wie er in höchster Spannung wartet, Minute um
Minute, bis endlich der ersehnte Augenblick kommt, der ihm
den Schuß erlaubt? Er hat lange Zeit ausgeharrt, jetzt aber gilt
es Blattschuß! Es gibt keine Seelsorge ohne diese angespannte,
brennende, wartende Geduld. Nur ja nicht drängeln! Nur ja
nicht aufkeimendes Leben mit ungeduldigen Händen ans Tageslicht zerren wollen!

Aber beten darfst du, daß Gott dir endlich bei dem einzelnen
die Gelegenheit gibt, daß du mit ihm reden kannst. Laß dich
nur nicht beirren und warte neben ihm still und geduldig, bis
endlich der Augenblick kommt. Dann aber sei bereit, es könnte
ja mitten in der Nacht sein.

6. Gott segnet keine Schlamperei

An dieser Stelle möchte ich eigentlich mächtig auf den Tisch
hauen. Es ist geradezu scheußlich, wie der Segen Gottes oft
verhindert wird durch äußere Unordnung. Unser Gott ist ein
Gott der Ordnung. Er kann nicht segnen, wenn die äußeren
Dinge nicht stimmen. Es gibt ein böses Wörtlein: „c. K.“, das
heißt auf deutsch: christlicher Klüngel, christliche Schlamperei.
Du kannst nicht junge Herzen aufschließen, wenn ihre Mägen

nicht satt werden. Es ist auch ein schlechter Hintergrund für seelsorgerliche Gespräche, wenn der Reis und die Erbsensuppe ewig angebrannt sind. Es ist auch ganz merkwürdig, wie Zuchtlosigkeit im Lager den Geist Gottes vertreibt. Hier gibt es ja eine Fülle von Dingen, über die wir reden sollten. O die schlecht funktionierenden Mitarbeiter! Die vielen unausgefüllten Tagesstunden, in denen die jungen Leute sich selbst überlassen werden! Unordnung innen und außen!

Ich meine nicht, daß euer Lager einem guten preußischen Kasernenhof ähnlich sein müßte. Laßt eure Trillerpfeifen ruhig zu Hause. Junge Leute, die ihr ständig anbrüllt wie junge Rekruten, sind nicht mehr offen für ein seelsorgerliches Wort von euch. Und doch muß eine fröhliche und saubere Zucht über unserem ganzen Lager und über der Durchführung des Tagesprogramms liegen. Sorgt für pünktliche, geradezu peinlich pünktliche Durchführung des ganzen Programms. Unser Gott ist und bleibt ein Gott der Ordnung!

7. Brautwerber auf dem Wege

Es gab in der Christenheit eine Zeit, da schenkte uns Gott gewaltige Evangelisten, Männer, durch deren Reden Tausende erschüttert und bekehrt wurden. Wir haben solche Evangelisten nicht mehr unter uns. Wir alle sind wahrscheinlich überhaupt keine. Daher kommt es, daß unsere Andachten und Bibelarbeiten oft so wenig ansprechend sind. Willst du in das Herz der jungen Männer hinein, dann muß der kräftigste Schlüssel bei unserer Verkündigung angesetzt werden. Wenn wir schon alle keine großen Evangelisten sind, dann sollten wir uns doch darin üben, junge Menschen ganz persönlich anzureden. Redet nie in unverbindlichen, allgemeinen Sätzen! Sprecht euren jungen Leuten den Befehl und den Trost unseres Gottes so persönlich wie nur irgend möglich zu! Wie ein Brautwerber ein Herz gewinnen will, so muß man euch ein Brennen abspüren, daß ihr Herzen für Jesus erobern wollt. Macht nur keine feierlichen Sprüche! Junge Leute haben ein Ohr dafür, ob euch das Herz für Jesus brennt.

Darüber seid ihr euch doch wohl klar, daß eure Leute aus einer Umgebung kommen, in der sie von allen Seiten und Ecken aus von dem „Thema I" umgeben sind. Ihr habt sicherlich viele im Lager, die an dieser Stelle schon tiefe Nöte, vielleicht sogar schwere Wunden tragen. Und manchmal macht sich die Sache in unserer eigenen Freizeit gefährlich breit. Meistens ist es zu spät, wenn wir es merken.

Darum sollte kein Lager stattfinden, bei dem wir nicht, schon mit der Bibelarbeit beginnend, ganz offen und klar über diese Dinge mit den uns anvertrauten jungen Menschen reden. Es gibt dafür keine Regel und kein Gesetz. Das Alter und die Herkunft sind entscheidend dafür, in welcher Weise ihr mit ihnen sprecht. Aber daß ihr mit ihnen darüber sprechen müßt, ist ganz sicher. Diesem Thema auszuweichen, ist böse Flucht vor der entscheidenden Not. Ihr habt Angst davor? Da tut ihr recht daran. Es ist gar nichts so schwer, als diesen Dienst zu tun. Man kann ihn gar nicht anders ausrichten, als daß man sich besonders kräftig und stark im Gebet mit den Brüdern dazu rüstet. Aber ihr werdet euch dann auch wundern, wie geradezu hörbar das Schloß geknackt hat. Jetzt geht die persönliche Seelsorge los. Jetzt fängt es an, daß junge Leute sich euch aufschließen und anvertrauen. Hoffentlich seid ihr bereit, den schönsten Dienst zuchtvoll zu tun.

9. Werfet eure Netze aus — oder die Angel!

Wir haben den Befehl unseres Herrn auf unserer Seite, wenn wir jungen Leuten nachgehen, um sie zum Gespräch einzuladen. Sicherlich gehört viel Weisheit und vor allem das dazu, wovon wir sprachen, viel Geduld. Aber wenn ihr euch von Jesus leiten laßt, dann entdeckt ihr unter der Schar die jungen Leute, nach denen ihr die Angel auswerfen müßt. Wie viele haben geradezu darauf gewartet, daß ihr endlich kommt und sie ansprecht.

Und nun möchte ich euch viel sagen von dem stillen Gespräch, das jetzt stattfinden muß. Es bleibt die schönste Sache in unseren Lagern, daß wir hier Zeit zu solcher stillen Zwiesprache haben. Wir sollten unsere Lager nicht mehr unternehmen, wenn wir dazu nicht kommen. Hört erst einmal den jungen

Menschen an und dann helft ihm dazu, daß er vor Jesus steht. Er wird das sein Leben lang nicht mehr vergessen.

Neun Schlüssel! Vergeßt mir keinen! Was wird das in der Ewigkeit eine Freude werden, wenn ihr dort endgültig erfahrt, daß auch bei eurem Lager passiert ist, was einst der Paulus in Philippi erlebte, als er ganz allein einer Jesus fernen Übermacht gegenüberstand: „Der Herr tat der Lydia das Herz auf."

VERKLÄRTE DAUERPANNEN

Wollen wir das heiße Eisen anpacken? Ja, wir wollen es! Wollt ihr durchhalten und wirklich zu Ende lesen, was darüber gesagt werden muß? Ich bitte darum!

„Mit 16 oder 17 Jahren gehen sie halt doch alle wieder aus unseren Kreisen weg", klagte neulich so betrübt einer unserer Mitarbeiter. Ach, wer kennt denn nicht diese Klage! Wer sich in dies Abenteuer, Jungmännerarbeit zu treiben, eingelassen hat, hat viele Sorgen. Aber die größte Sorge ist, daß uns die jungen Burschen gerade dann, wenn es ernst wird, weggehen. Was sollen wir nun dazu sagen?

1. Was ist denn hier los?

Da hatten wir eben noch einen blühenden Jungenkreis, die Kerle machten so prächtig mit und waren begeistert, und plötzlich tritt da einer beiseite, dort verschwindet einer aus dem Glied; man muß einmal unsere Jungenschaftsleiter fragen, wie erschütternd hier die Zahlen sind. Prüft bitte einmal bei euch selbst, indem ihr mit aller Nüchternheit die Zahlen feststellt für die letzten paar Jahrgänge.

a) Wie viele Jungen wurden konfirmiert?
b) Wie viele habt ihr in euren Jungenkreis holen können?
c) Wie viele waren mit 16 Jahren noch bei euch?
d) Wie viele mit 19 Jahren?

Es lohnt sich, im Mitarbeiterkreis dieses Zahlenexperiment zu machen. Das Ergebnis ist erschütternd.

Die Gründe sind mannigfaltig. Oft kommen einfach nur andere Interessen; manchmal ist es auch nur eine schreckliche Unlust. Wie viele werden von dem Sog ihrer Kameraden weggezogen. Wie oft ist es das Mädchen! Die Gründe sind so zahlreich, daß man sie kaum alle aufzählen kann. Meistens stößt man nie auf den wirklichen Grund. Wer kennt sich denn aus in diesen verborgenen Schächten eines heranwachsenden jungen Menschen? Dabei ist es offenbar gar nicht nur das Kennzeichen einer schlechten oder kümmerlichen Arbeit. Einer unserer ernsthaftesten Mitarbeiter, den ich außerordentlich schätze, sagte mir neulich so unendlich traurig: „Ich habe mich mit aller Kraft um die jungen Männer bemüht, aber sie laufen mir unter der Hand weg."

Das ist der Tatbestand!

2. Jammer wird System

Solange man die Nöte als wirkliche Not erkennt, sind sie schon ein Stücklein überwunden. Solange die Wunde uns wirklich weh tut und brennt, kann sie geheilt werden. Aber das Schlimme scheint mir zu sein, daß wir uns damit abgefunden haben.

a) Ich sehe doch, wie da und dort eine wahre Flucht beginnt in die Arbeit an den Jüngeren. Ich kenne Vereine, die mindestens ein Dutzend Jungscharen haben. Sie nennen sich stolz CVJM, aber das einzige, was sie z. B. während des Sommers ernsthaft unternehmen, ist ein Jungscharlager. Das ist doch alles nur ein Ausweichen vor der Tatsache, daß ihr an der entscheidenden Stelle Bankrott erlebt habt. Eure Dauerpanne wird verklärt, indem ihr euch durch eine Mords-Bubensache darüber täuscht, daß ihr keine jungen Männer habt. Eine Jungmännerarbeit, die sich damit abgefunden hat, ist schon zum Sterben reif.

b) Ich treffe das besonders oft dann, wenn wir die Gemeinden anschreiben, daß sie auch ihre Jugend schicken sollen. Da wird ein stolzes Aufgebot von Katechumenen und Konfirmanden dargeboten. „Unsere liebe Jugend!" Natürlich ist uns auch das Alter wichtig. Aber unsere Gemeinden täuschen sich einfach, wenn sie mit diesen Ehrenkompanien mehr oder weniger unfreiwilliger Konfirmanden ihre Jugend darzustellen versuchen. Es ist ein Versteckspiel vor der Tatsache, daß die über 16jährigen offenbar mit keinem Wort mehr herbeigelockt werden können. Die Selbsttäuschung ist das Schlimme!

c) Die armen Sekretäre! An dieser Stelle wird es mir ganz weh ums Herz. Da hat eine Gemeinde oder ein Verein einen Sekretär angestellt; gar nicht deswegen, weil die Arbeit so groß wäre, daß sie keiner mehr leisten kann, sondern allein deswegen, weil keiner dort etwas tun will. Und dieselben Leute, die selbst keinen Finger in der Arbeit rühren, erwarten nun in wenigen Monaten von dem armen Sekretär Erfolgsmeldungen. Der arme Mann kämpft jetzt um sein Leben. Er muß doch etwas vorweisen. Was bleibt ihm denn schließlich anderes übrig, als daß er sich in den Massenbetrieb der jüngeren Jahrgänge stürzt? Wieviel Sekretäre — oft beste Kräfte — werden heillos verschlissen, weil man sie von einer Jungschararbeit in die andere jagt, nur um Erfolgsmeldungen zu haben.

Mir ist wahrhaftig die Jungschararbeit unendlich wichtig. Wir können sie gar nicht ernst genug nehmen. Aber dafür habt ihr jüngere Mitarbeiter. Laßt unsere Brüder Sekretäre doch an der schwierigsten Stelle bohren, an der es zunächst gar keine Erfolge gibt. Laßt ihnen doch Zeit zur persönlichen Seelsorge und zu der Arbeit, die äußerlich so unscheinbar ist, zum Ringen um die über 16jährigen. Gott bewahre uns davor, daß auch hier unser Jammer System wird.

d) Der scheinbar so demütige Verzicht. Da treffe ich doch heute immer mehr auf Menschen, die sich wirklich, ohne rot zu werden, damit abgefunden haben, daß uns die jungen Männer weggehen. Neulich sagte mir sogar ein Kirchenführer: „Wir müssen uns damit abfinden, daß die jungen Männer ab 18 Jahren nicht mehr vor uns erreicht werden. Das liegt in der Natur dieser jungen Männer; später werden sie schon wiederkommen.“

Das klingt großartig!

Aber wir haben uns damit nicht abgefunden. Unter keinen Umständen!

3. Dürfen wir verzichten?

Nie und nimmer, meine Brüder! Darauf wollen wir uns fest die Hand geben. Ob wir eine Lösung finden, das muß sich herausstellen. Aber so lange wir mit dieser Sache etwas zu tun haben, wollen wir diese Not als brennende Wunde ansehen. Ich las einmal einen Bericht von einem grauenhaften Sturm in der Nordsee. Plötzlich brach an einer Stelle der Deich. Damit war alles gefährdet. Jetzt warf sich aber die gesamte Rettungsmannschaft an diese eine Stelle. Mit allem, was sie ergreifen konnten, ja mit ihrer eigenen Brust warfen sie sich den eindringenden Wassern entgegen. Sie flüchteten nicht an die Stellen des Deiches, die noch hielten, sondern jetzt mußte alle Kraft an der Stelle eingesetzt werden, die am gefährdetsten war.

So möchte ich euch auch Mut machen, daß wir uns mit aller Kraft einmal auf diese Frage konzentrieren: Wo bleiben unsere jungen Männer?

a) Es gibt kein Lebensalter, das aus dem totalen Herrschaftsanspruch Jesu entlassen oder beurlaubt wäre. Es ist gottlos und zugleich glaubenslos, wenn wir uns heimlich oder offen damit abfinden, als müsse das so sein, daß die jungen Männer nicht mehr bei Jesus sind.

b) Gerade in diesem Lebensabschnitt brauchen junge Männer den Umgang mit Jesus besonders nötig. Das ist doch die Zeitspanne, in der ein Junge zum Mann heranreift. Da geschehen nicht nur körperlich die größten Revolutionen, sondern da vollzieht sich auch dies Abstreifen des Kinderglaubens, der eben noch so ehrfürchtig zu den Autoritäten aufsah. Da entwickelt sich in einem geistigen Umbruch die eigene Persönlichkeit.

Es ist ganz klar, daß in diesem Alter alles, was überkommener Autoritätsglaube ist, wie mit einem Ruck vom Tisch heruntergewischt wird. Aber haben wir denn nicht mehr zu bieten? Jetzt braucht der junge, werdende Mann nötiger als das tägliche Brot die Erfahrung, daß hinter der langweiligen Tradition und der befohlenen Autorität ein Freund auf ihn wartet, auf den er sich wie auf gar nichts anderes verlassen kann: Jesus. Es ist eine Erfahrung, die uns keiner wegdiskutiert: Sind junge Männer in ihrer Reifezeit an Jesus irre geworden, dann ist es später kaum mehr möglich, daß sie wirklich ein ernsthaftes persönliches Verhältnis zu Ihm finden. Natürlich hat Gott tausend Wege, sich Menschen zu holen, aber in diesem Lebensalter zwischen dem 16. und 25. Jahr werden in der Regel die Gleise fürs ganze Leben gelegt. Darum ist der Verlust der jungen Männer in diesem Alter eine verlorene Schlacht im Blick auf die ganze Männerwelt von morgen, eine verlorene Schlacht für unser ganzes Volk.

c) „Später kommen sie wieder!" Nein, sie kommen eben nicht wieder. Warum tun wir uns denn heute so schwer mit der Männerarbeit? Darüber täuschen uns doch große Männertage nicht hinweg, daß unsere Männer es verlernt haben, wirkliche

Hauspriester und betende Hausväter zu sein. Sie kommen eben n i c h t wieder. Darum gilt es gerade an dieser Stelle, daß wir das Wort Jesu, das aus so brennender Liebe heraus gesprochen ist, hören: „Werde wach und s t ä r k e d a s a n d e r e, d a s s t e r b e n w i l l."

4. Weitgesteckte Ziele

a) Laßt euch doch einmal dazu überreden und setzt euch in eurem Mitarbeiterkreis zu einem vernünftigen Männergespräch zusammen. Betrachtet doch einmal eure gesamte Arbeit daraufhin, ob sie das Ziel aller Jungmännerarbeit hat. Ihr müßt einmal im gemeinsamen Gespräch unter euch klären, ob ihr das überhaupt noch wollt. Glaubt ihr das noch, daß ihr junge Männer für Jesus gewinnen könnt? Ehrlich, mein Bruder, wir glauben es oft schon gar nicht mehr.

Laßt euch doch noch einmal eine brennende Liebe dafür schenken, daß auch der Jungscharleiter und eure Vorturner und Chorleiter alle miteinander in diese heilige Leidenschaft hineingezogen werden: Wir möchten junge Männer für Jesus gewinnen!

Und dann betrachtet alles, was bei euch geschieht, unter dem Gesichtspunkt: Mündet unsere Arbeit in den Strom einer lebendigen Jungmännerarbeit oder nicht? Ihr müßt wirklich einmal alles, was bei euch geschieht, und auch alles, was nicht geschieht, unter dieser Frage ansehen, ob im Glauben ein sieghafter Kampf um die jungen Männer geschieht. Schluß mit aller Glaubenslosigkeit! Schluß mit den verklärten Dauerpannen!

b) Solche Betrachtung führt nun ganz praktisch dazu, daß ihr miteinander euer Programm anseht. Hier wird es ja schon deutlich. Darin steht viel über Jungschar- und Jungenschaftsarbeit, aber die Jungmännerarbeit nimmt kaum zwei Zeilen ein. Merkt ihr da nicht schon, daß etwas faul ist? Ihr müßt jetzt in einer gemeinsamen Anstrengung eine wirkliche G e w i c h t s v e r l a g e r u n g vornehmen. Die besten Mitarbeiter in die Jungmännerarbeit! Das sorgfältigste Programm für die über 18jährigen!

c) Die ganz große Liebe. Ich höre schon, wie jetzt sofort eure Antwort heißt: Wir haben nur drei junge Männer; für die können wir doch kein großes Programm machen. Doch! Gerade!

Junge Männer, die es mit Jesus halten wollen, sind kostbar; da zählt einer für zehn. Wenn nur erst einmal diese ganz große Liebe zur Jungmännerarbeit in unserem Herzen lebt, dann sind auch zwei Mann nicht zu wenig, sondern mit denen fangt ihr an und baut ihr auf. Aber Liebe muß man haben, viel Liebe und eine ganz große Geduld!

5. Schluß mit dem Nachwuchswerk!

a) Eine Frage an dich und eure Gruppe: Wie ist eigentlich eure Jungmännergruppe entstanden, wenn sie überhaupt noch lebt? Sind es tatsächlich nur die paar, die damals aus dem Konfirmandenkreis übrig geblieben sind? Hier steckt schon lange der Tod im Topf, und manchmal habe ich Sorge, daß wir es zu spät erkennen. Wir sind ja ein reines Nachwuchswerk geworden!

Wir haben eigentlich nur zwei missionarische Veranstaltungen; nur zweimal wird die Tür nach draußen aufgetan, sonst bleibt sie hoffnungslos verschlossen. Das erstemal geschieht das in der Jungschar, die dann, wenn sie munter arbeitet, immer einen werbenden und wirbelnden Sog hat. Zum anderen geschieht das an der Stelle des leichtesten Widerstandes, rund um die Konfirmation. Und später? Man sieht eben zu, daß man möglichst viele durchrettet, neue kommen nicht mehr dazu.

Ist es bei euch auch so? O Brüder, wenn ihr mit mir doch an dieser Stelle erschrecken würdet! Da ist wirklich der Tod im Topf!

b) Hart an den Mann! Ich suche jetzt überall einen, der noch einmal den Mut hat, Jesus etwas zuzutrauen. Ist irgendwo bei euch dieser eine Mann? Dich bitte ich jetzt: Bau du doch einmal eure Jungmännergruppe ganz neu auf. Schließe einmal alle Gedanken an möglichen Nachwuchs völlig aus. Um euch her leben Hunderte von jungen Männern, die alle einen Heiland brauchen. Weißt du, was das bedeutet, wenn jetzt Jesus zu dir sagt, wie er einst zu Petrus sprach: „Ich will dich zum Menschenfischer machen?"

Der Auftrag ist allerdings so schwer, daß man beinahe daran verzweifeln möchte, aber er ist voller Verheißungen. Jetzt fang du an, um den zweiten Mann zu beten, um ihn zu ringen. Neulich sagte mir ein junger Unterprimaner: „Seit sechs Wochen lade ich alle paar Tage einen Klassenkameraden auf meine Bude. Ich glaube, bald habe ich ihn gewonnen." Siehst du, so geht das. Um einen einzigen Mann muß man ringen. Und wenn ihr zu zweit seid, habt ihr schon gewonnen. Jetzt ringt ihr beide wiederum um einen; jeder um einen einzigen Mann! Daraus werden vier. Ihr vier werdet Enttäuschungen erleben, einer springt wieder ab, vielleicht sogar zwei, aber das Heer der jungen Männer ist ja so groß! „Es ist kein Preis zu teuer, es ist kein Weg zu schwer, um auszustreun dein Feuer ins weite Völkermeer."

Ich spüre je länger je mehr, daß hier die Lebensfrage unseres Werkes ist, ob wir noch den Mut, die Freudigkeit und die Kraft haben, auf junge Männer selber loszugehen.

c) Du solltest einmal sehen, wie sich von hier aus merkwürdig dann auch die Frage des Nachwuchses regelt. Natürlich wollen wir, daß unsere Jungscharler einmal gläubige junge Männer werden. Aber es ist dann geradezu erstaunlich, wie jetzt schon der kleine Jungscharler ein Ziel vor Augen hat, wenn er vor sich eine lebendige Jungmännergruppe sieht. Das wird sich in seine Seele hineinlegen, daß er zu der einmal gehören will. Aber der Weg wird immer so gehen: Packt junge Männer an und holt sie hinein, dann regelt sich die Nachwuchsfrage. Umgekehrt geht es nicht!

Das eine ist ganz gewiß: Wer solche Dauerpannen übertüncht und verklärt, mag eine Weile viel Betrieb haben, aber die entscheidende Schlacht ist verloren. Jesus ist aber ganz gewiß das Ende unserer Pannen. Mit Jesus kann man immer noch einmal neu, ganz neu anfangen.

SIND WIR NUN GEMEINDEJUGEND ODER NICHT?

Seit ein paar Jahren bewegt diese Frage in den verschiedensten Variationen alle die, die mit Jugendarbeit etwas zu tun haben. Vorweg eine Feststellung: Über das Problem der Gemeindejugend wird unheimlich viel geredet. Ich habe zu meinem Erstaunen festgestellt, daß bisher kein Mensch weiß, was eigentlich Gemeindejugend ist. Man sollte geradezu ein Preisausschreiben aussetzen, das denjenigen königlich prämiiert, der endlich dafür eine anständige Formulierung findet. Die Sache wäre sehr einfach, wenn die Gemeindejugend etwa mit „Pfarrjugend" gleichzusetzen wäre. Aber kein vernünftiger Mensch, der ernsthaft mit Jugendarbeit zu tun hat, will im Ernst so etwas. Theorien, die in dieser Richtung liefen, sind wirklich überholt. Es sind in der Jugendkammer der EKD (Evangelische Kirche in Deutschland) beachtliche Männer, die den sogenannten Gemeindejugendkreisen sogar einen besonderen Organismus geben wollen. Diese ganze Frage soll uns hier nicht interessieren. Aber uns interessieren, wo ihr auch immer steht, außerordentlich zwei Dinge: Einmal, daß alle ernsthaften Versuche, zu formulieren, was eine Gemeindejugend sein könnte, ebenso sehr einen sauberen tüchtigen Verein im Jungmännerwerk kennzeichnen als auch irgendeinen Gemeindejugendkreis im Schwabenland, in Westfalen oder anderswo.

Und das andere interessiert uns, daß ein Teil unserer Jugendkreise den Namen Gemeindejugend für sich in Anspruch nimmt.

Ich kann gar nicht genug betonen: Wo ihr auch immer stehen mögt — in dieser Sache sollten wir uns über einige Dinge unter allen Umständen einig sein. „Gemeindejugend" als ein Teil der Ausrichtung und Zielsetzung unserer Jugendarbeit geht uns alle an, aber „Gemeindejugend" als Kennzeichen einer bestimmten Organisationsform — nämlich der, daß man keine Organisation hat — ist eine unerträgliche Verengung dessen,

was im Neuen Testament Gemeinde heißt. Wird nicht unwillkürlich dann, wenn ein Teil diesen Namen für sich in Anspruch
nimmt, der Eindruck erweckt, als sei eben alles übrige nicht
Gemeindejugend? Was all unsere Väter in unseren Kirchen an
Jugendarbeit getan haben, was ein Dr. Paul Humburg an entscheidenden Diensten unter uns ausgerichtet hat, das alles war
keine Gemeindejugendarbeit? All der treue Dienst der verschiedenartigen Jugendgruppen hin und her im Land, ist das alles
nicht Dienst an der Gemeinde? Es gibt kein Werk und keine
Art von Jugendarbeit, die ein Monopol hätte; wir auch nicht.
Aber so lange dieser Name für eine bestimmte Art von Jugendarbeit unter uns aufrechterhalten wird, tragen wir Leid, ein
Leid, das nicht stumm werden wird.

Wir sollten es keiner Art von Jugendarbeit gestatten, n i c h t
Gemeindejugend zu sein.

1. Das Erbe

Mich hat in all den Jahren eine Frage immer wieder umgetrieben: Unsere Väter, die am Anfang jener Erweckung standen,
aus der unsere Jungmännerarbeit wie ja überhaupt alle Jugendarbeit in Deutschland hervorgegangen ist, hatten es eigentlich
viel schwerer. Damals herrschte auf den Kanzeln ein blutiger
Rationalismus, ein ganz öder Vernunftglaube. Statt Wort Gottes zu predigen, wurde leeres Stroh gedroschen. Wenn man
die Predigten aus der damaligen Zeit liest, kann man kaum
glauben, daß so ödes Zeug von den Kanzeln verzapft worden
ist. Und unsere Väter? Die sind seltsamerweise aus dieser
Kirche nicht ausgetreten. Sie haben nie g e g e n diese Kirche
gekämpft, aber umso kräftiger u m ihre Kirche gerungen. Da
saß der erweckte Tilmann Siebel unter der Kanzel eines Mannes, der den Unglauben verkündigte und die Polizei gegen die
Gläubigen hetzte. Und Tilmann Siebel saß unter seiner Kanzel
und betete. Er rang und flehte so lange, bis dort oben von der
Kanzel klares Evangelium verkündigt wurde.

Das scheint mir also ein klares Erbe der Väter zu sein, daß
wir nicht blind sind gegen die Fehler, die uns da und dort in
unseren Gemeinden so wehtun. Wir schweigen auch nicht zu
einer Verkündigung, die Jesus die Ehre nimmt; aber in all dem
hören wir den Ruf, nur umso treuer um die Gemeinde zu ringen, in die uns der Herr gestellt hat.

Darum war es für uns kein Abweichen von der Linie der Väter und erst recht keine sensationelle Neuentdeckung, daß der Kirchenkampf des Dritten Reiches uns ganz persönlich etwas anging. Wir waren da nicht unbeteiligte Zuschauer, sondern hier wurde mit einem Schlage deutlich, daß diese angegriffene und verfolgte Kirche unsere Kirche war, die darum verfolgt wurde, weil in ihr Jesus verkündigt wurde.

Hier sehe ich wiederum ein Stücklein unveräußerliches Erbe. Wie ich zu meiner Gemeinde stehe, ist nicht eine organisatorische Frage, sondern eine Frage des Glaubens und Lebens. Organisatorische Bindungen an die Gemeinde schützten damals gar nicht vor Verleugnen und Versagen. Es ging um andere Bindungen, es ging im Grunde um Jesus. An Ihm allein entschied es sich, ob einer in der lebendigen und bekennenden Gemeinde stand oder nicht.

2. Der unveräußerliche Hauptpunkt

Es gibt in unseren Tagen eine merkwürdige Art, Kirche und Gemeinde so selbstherrlich herauszustellen, daß sie geradezu an die Stelle unseres Herrn treten. Da ist nicht mehr die Frage, wie wir zu Jesus stehen, sondern allein am Gehorsam den Ämtern der Kirche gegenüber werden geistliche Urteile gefällt. Dagegen wehren wir uns ganz entschieden. Das Zeugnis des Neuen Testaments redet eindeutig und klar: „Es ist in keinem andern Heil, ist auch kein anderer Name unter dem Himmel den Menschen gegeben, darinnen sie sollen selig werden, als allein der Name Jesus." Es gibt nur einen, der uns selig macht, das ist der Herr.

Darum geht auch alles Ziel unserer Jugendarbeit um diese eine Sache: Wir wollen junge Menschen zu Jesus führen. Wenn schon darin die Verdächtigung liegt, das sei nicht kirchlich genug, dann können wir nur lächeln oder sehr traurig sein. Es genügt uns nicht, wenn man als Ziel der Jugendarbeit sagt, wir hätten Zubringerdienst zur Gemeinde zu tun. Unser entscheidendes Ziel ist viel höher. Mit weniger können wir uns nicht zufrieden geben. Wir müssen junge Menschen zu dem bringen, der in souveräner Herrlichkeit für sich allein in Anspruch genommen hat: „Ich bin der Weg, die Wahrheit und das Leben!" Wir sind allerdings der Überzeugung, daß keiner Jesus begegnen kann, ohne daß dieser Herr ihn dann in lebendige Gemein-schaft und Gemeinde führt. Es sind gerade die Stillen im Land gewesen, die endlich damit ernst gemacht haben. Es ist ein Zinzendorf gewesen, der bezeugt hat: „Ich statuiere kein Christentum ohne Gemeinschaft." Es gibt keinen isolierten Christenstand. Jesus haben heißt immer auch zugleich in Gemeinschaft mit den Brüdern leben.

3. Warum haben wir nun unsere Gemeinde so lieb?

Ich lasse einmal das ganz weg, daß unsere sichtbare Gemeinde durchaus nicht gleichzusetzen ist mit der Gemeinde Jesu Christi. Ich glaube nicht, daß die Gemeinde Jesu Christi unsichtbar ist. In der Apostelgeschichte heißt es: „Sie blieben aber beständig in der Apostel Lehre, in der Gemeinschaft, im Brotbrechen und im Gebet." Sie haben da einen umfassenden Liebesdienst begonnen. Nein, da ist die Gemeinde Jesu nicht unsichtbar geblieben. Sie hat sich durch kräftige Zeichen als sehr sichtbar erwiesen. Und doch kann man sie immer nur im Glauben erfahren. Man kann sich nur im Gehorsam des Glaubens in sie hineinstellen.

So darf ich es glauben, daß in meiner Gemeinde die Schar lebt, die das Wort hört, sich tröstet an den Gaben des Herrn und in Gehorsam in seinem Dienst steht. Zu der Schar will ich gehören.

Nun frage ich noch einmal: Warum haben wir unsere Gemeinde so lieb? Oft ist an ihrer sichtbaren Gestalt gar nichts Liebenswertes. Ich brauche euch das ja gar nicht aufzuzählen. Gerade da, wo einem jungen Menschen am Wort Gottes das Gewissen erwacht ist, da erschrickt er oft über den Jammer in seiner Gemeinde. Ich kenne die Nöte.

Diese Nöte können uns so schrecklich bedrängen, daß wir meinen, wir könnten keinen Tag mehr in dieser Kirche leben. Ich gestehe euch hier offen, daß ich in meinem Leben einmal sehr kräftig die Versuchung hatte, aus dieser Kirche auszutreten, weil ich meinte, ihre Fehler und Schäden nicht mehr teilen zu können. Wie bin ich Gott dankbar, daß Er mich vor diesem Schritt bewahrt hat. Wie hat mich Gott in dieser Kirche in eine Weite der Aufgaben gestellt! Dieselben Aufgaben hat Er für dich!

Seine Gemeinde lieben heißt nicht, mit ihr schlafen, ihre Fehler zu teilen und zuzudecken. Als Jeremia als einziger gegen die damalige Kirche stand und von ihr hinausgeprügelt wurde, daß er nicht mehr in den Tempel kommen durfte, da hat er doch seine Kirche so lieb gehabt.

Es sind zwei Dinge, die mich an meine Gemeinde binden: Hier ist die Quelle, in der noch der Strom des Wortes läuft. Hier habe ich die frohe Botschaft von Jesus von den Vätern überkommen. Ich lebe mit all den Brüdern und Schwestern aus derselben Quelle. Bei der will ich auch bleiben.

Und zugleich ist diese Gemeinde meine Aufgabe. Ihr gehört mein Dienst. Quelle und Aufgabe! Darum haben wir unsere Gemeinde lieb.

4. Sind denn unser Verein und unsere Gemeinde Gegensätze?

Ich höre noch den jungen Pfarrbruder, der bis an die Halskrause mit einer sauberen Theologie geladen war, wie er auf die jungen Männer seines CVJM einredete: „Ihr untersteht nicht dem Presbyterium, ihr habt einen eigenen Vorstand, ihr steht nicht in der Gemeinde." Ach, wie oft habt ihr solche Vorwürfe hören müssen, meine Brüder. Ich möchte euch einmal danken, daß ihr sie getragen habt und habt euch nicht irre machen lassen.

Ich habe jenen jungen Bruder später gefragt, was er denn eigentlich mit diesem Vorwurf gemeint habe. Ich fragte ihn: „Machen Ihnen die jungen Leute Kummer? Oder kommen sie nicht zum Gottesdienst? Oder stören sie irgendwie?" Bei all den Dingen gab es keine Beanstandungen, sondern nur deshalb, weil dieser Jungmännerkreis eine eigene Leitung hatte.

Man muß nur einmal im Korintherbrief nachlesen, welch einen Reichtum diese Gemeinde an Gaben und Kräften hatte. Welch eine Mannigfaltigkeit der Mitarbeit, daß wir uns heute nur über unsere grenzenlose Verarmung in den Gemeinden schämen müssen. Nein, gerade das kennzeichnet unser Anteilnehmen am Leben der Gemeinde, daß hier Männer und junge Burschen aus allen Ständen und Berufen Verantwortung gespürt haben, einen Dienst zu tun, für den sie wahrhaftig um Jesus willen Geld, Zeit und Kraft in reichem Maße opfern. Wir sollten uns klar machen, daß wir heute bei der sonderbaren

Lage der Christenheit in Deutschland ohne solch eine Kernbildung in der Gemeinde überhaupt nicht mehr auskommen. Stellt euch doch die Massengemeinden in den Großstädten vor. Und auf den Dörfern ist die Lage schon lange keineswegs anders. Da gehören zu solch einem Kirchspiel ein paar tausend Menschen, die zwar getauft und konfirmiert wurden, denen auch, wenn sie sich anständig verhalten, die Beerdigung sicher ist, die aber verzweifelt wenig davon Gebrauch machen, daß Jesus Christus ihr Herr ist und daß das Wort Gottes von ihnen gehört werden will. Wie wollen wir denn anders wirkliche Gemeinde bauen, wenn nun nicht solche Kernscharen zusammengebracht werden, die in ihrer äußeren Gestalt so mannigfaltig sein können, wie sie nur wollen, die aber in dem einen ihren Herzpunkt haben: Sie wollen ernst damit machen, daß Jesus Christus ihr Herr ist. Es ist doch kein Zufall, daß unser Gott in dem Augenblick, in dem die Massengemeinden immer mehr einer geordneten Zucht entgleiten, solche Kernscharen zusammenrief. Wir stellen mit Freudigkeit fest: Das kennzeichnet eine lebendige Gemeinde, wenn in ihrer Mitte solche Scharen lebendig zusammenkommen, miteinander das Wort hören und freudig ihren Dienst tun.

5. Lebendige Spannungen

Jeder, der versucht hat, das Verständnis vom Jugendkreis zur Gemeinde organisatorisch sauber auf Flaschen zu ziehen, ist noch immer daran gescheitert. Lebendige Jugendarbeit wird immer in einer gesegneten Spannung zwischen zwei Polen stehen, zwischen den beiden Polen: Eigenständigkeit und Einordnung. Auf der einen Seite ist ein Jungmännerkreis nie für sich allein da. Ich möchte es jedem Kreis sagen, daß Gott ihn in eine Gemeinde hineingestellt hat, von der er sich nicht einfach absetzen kann. Euer Kreis ist so viel wert, als euch eure Gemeinde zur Aufgabe wird. Zugleich braucht aber jede lebendige Jugendarbeit Eigenständigkeit. Das hängt mit der ganzen Art und der Denkungsweise junger Menschen zusammen, daß einem jungen Menschen die Teilnahme am Leben der Gemeinde genau so viel Freude macht, als er in eigener Verantwortung einen Dienst tun darf. Wer Jugend nur gängeln will, der wird etwas ausrichten im Kindergarten, aber nicht bei jungen Männern. Entweder, wir lassen junge Männer sich entfalten, oder wir haben keine jungen Männer.

Darum muß beides über unseren Kreisen stehen: Freie, königliche Eigenständigkeit und freudige, dienstbereite Einordnung. Wenn die beiden Pole in einem gesegneten Verhältnis stehen, dann habt ihr eine gesunde Arbeit.

Dieses Gleichgewicht kann gefährlich gestört werden; und dann ist die Not groß. Es kann auf der einen Seite gestört werden durch falsche Herrschaftsansprüche der gesamten Gemeinde. Es kann aber ebenso gestört werden durch den Trotz und die Eigenwilligkeit junger Männer. Verwechselt doch bitte nicht euren Dickkopf mit gesegneter Eigenständigkeit. Wie oft wird die gesegnete Spannung durch beide Teile gestört.

Alle falschen Spannungen, alle bösen Störungen, die oft den Weg unseres Herrn so bitter aufhalten, können nur dadurch überwunden werden, daß wir nur umso treuer aufs Wort hören, umso gehorsamer zum Dienst bereit sind und den Blick freimachen für die reichen Aufgaben, die um uns her liegen.

Glaubt es mir, die Sache wird nicht organisatorisch gelöst, sondern durch Glauben und Gehorchen. Laßt mich euch einen ganz praktischen Rat geben: Wir streiten uns nicht über Gemeindejugend und über unser Verhältnis zur Gemeinde. Wir regen uns auch nicht auf über Verdächtigungen und Schmähungen. Aber wir lassen uns in unserem Gewissen aufs neue dazu rufen, daß unsere Gemeinde unsere Aufgabe ist, von der wir auf keinen Fall lassen können. Vielleicht haben wir an dieser Stelle viel gesündigt. Wohl uns, daß Er uns noch nicht verlassen hat, der für uns in der Todesstunde Johannes 17, 20—21 gebetet hat.

Jetzt habe ich eine ganz persönliche und sehr herzliche Einladung. Wir wollen unser Stilles Gespräch hier in meinem Zimmer in Witten halten. Unterbrecht einmal eure Geschäftigkeit. Macht mir die Freude und nehmt euch wirklich einmal Zeit, zu mir in meine Studierstube hereinzukommen. Hier waren schon viele Leute zu stillem Gespräch. Jetzt möchte ich einmal euch alle hier haben.

Es ist sehr gemütlich in diesem Zimmer. Das haben schon viele empfunden, die bei mir zu Gast waren. Aber vielleicht erschreckt ihr, wenn euer Blick über die Wände hin gleitet. Rundum durch das ganze Zimmer läuft eine lange Reihe von Bildern. Wie ein Fries ziehen diese Bilder an den Wänden entlang. Dieser Fries beginnt vorn am Fenster, klettert über den ersten Bücherständer, geht über die Tür hinweg, umrahmt die übrigen Bücher, bis er wieder an der anderen Seite am Fenster ankommt. Erschreckt bitte nicht, es sind 117 Bilder. Offen gestanden, ich bin selber etwas erschrocken, als ich sie jetzt zum erstenmal zählte, weil ich euch über diese Bilder schreiben möchte. Ihr seht auf diesen 117 Bildern lauter Köpfe von Männern, die jetzt schon in der Ewigkeit sind, die aber alle einmal im Reich Gottes irgendeine gesegnete und wichtige Bedeutung hatten. 117 Männer, von deren Segen wir heute noch leben! Und doch ist es nur ein ganz kleiner Ausschnitt aus der unzählbar großen Schar, die vor uns den Kampf bestanden hat und im Glauben vorangegangen ist. Von dieser oberen Schar möchte ich euch heute ein wenig erzählen.

1. Die Wolke von Zeugen

Der Hebräerbrief, dessen Verfasser wir ja nicht kennen, ringt mit einer Gemeinde, die in Gefahr ist, einzuschlafen und müde zu werden. Da ist es wahrhaftig nicht nebensächlich, daß dieser Brief eine müde gewordene Gemeinde daran erinnert, daß sie ein ganz kostbares und herrliches Erbe hat. Hebräer 12 erzählt uns von dieser geheimnisvollen Sache: „Darum auch wir, dieweil wir eine solche Wolke von Zeugen um uns haben . . ." Das Bild stammt aus dem Stadion. Da sind unten auf der Laufbahn ein paar Kämpfer angetreten. Jetzt gilt es, alle Kräfte einzusetzen, um den Siegespreis zu erringen. Da fällt der Blick der Wettkämpfer auf die weiten, hoch erhöhten Ränge. Der Gedanke, daß so viele dem Lauf zuschauen, spannt die Kräfte an, und sie setzen alles ein, um den Siegeskranz wirklich zu bekommen. Gerade so geht es bei unserem Christenlauf. Manchmal meinst du, du bist bei deinen Kämpfen ganz allein. Nein, rings um dich her ist eine unzählbare „Wolke von Zeugen".

All die Väter im Glauben, die es durch die Jahrhunderte hindurch mit Jesus gewagt haben, die schauen auf dich herunter. Jetzt verstehen wir, warum der Hebräerbrief so eindringlich ruft und mahnt: „Darum auch wir, dieweil wir eine solche Wolke von Zeugen um uns haben, lasset uns ablegen die Sünde, so uns immer anklebt und träge macht und lasset uns laufen durch Geduld in dem Kampf, der uns verordnet ist."

Ich war dieser Tage bei einem Kreis junger Burschen. Zufällig frage ich: Kennt ihr Paul Humburg? Die jungen Kerle kannten noch nicht einmal den Namen! Ach, vielleicht kennst du ihn auch nicht? Vielleicht sagt er dir gar nichts? Und doch sind es erst ein paar Jahre her, daß dieser Mann als Bundeswart des Westbundes unserem ganzen Werk entscheidende Prägung gab und später einer der führenden und gestaltenden Zeugen und Kämpfer in der Bekennenden Kirche war. Da wurde es mir auf einmal deutlich: Die Wolke von Zeugen ist uns verdeckt. Das ist aber eine böse Sache! Das spielt ja entscheidend mit, wenn wir, wie jene Gemeinde, an die der Hebräerbrief geht, müde und oft so lustlos geworden sind. Wir haben ja heute überhaupt den Zusammenhang mit der Geschichte völlig verloren. All das, was eine Vergangenheit so reich gemacht hat, ist uns vollkommen verschüttet.

Und nun haben wir uns auch den Blick für die Wolke von Zeugen wegnehmen lassen. Kein Wunder, daß unser Laufen und Kämpfen oft so kümmerlich und armselig ist.

Wir müssen wieder ganz neu lernen, daß uns ein so wunderbarer Reichtum umgibt, der nicht dazu da ist, eine Flucht in die Vergangenheit anzutreten oder auf weit zurückliegendem Segen auszuruhen; nein, dieser Blick auf die obere Schar will uns heute, jetzt und hier, Mut machen, daß wir „laufen durch Geduld in dem Kampf, der uns verordnet ist".

2. Welch ein Reichtum!

Ja, jetzt komm nur einmal herein in mein Zimmer. Ich will dir diese Schar einmal vorstellen. Was ist das für eine Mannigfaltigkeit und ein Reichtum der Gaben und Kräfte. Siehst du Martin Luther? Da sind sie, Bezzel, der große lutherische Theologe; Bengel, der Mann, der uns die Liebe zur Bibel erschlossen hat; Schlatter und Schniewind, Kähler, Kohlbrügge und Söderblom und viele andere mehr. Jeder hat ein Stück herzugetragen, daß die Kirche Gottes auf Erden leben sollte. Wie wollte ich euch am liebsten von allen eine Geschichte erzählen, von Präses Koch und Bodelschwingh, vom ehrwürdigen Generalsuperintendent Zöllner und Wichern, dem Bahnbrecher der Inneren Mission. Ich möchte euch erzählen von den Sängern, deren Lieder uns bis zum heutigen Tage erquicken. Siehst du da drüben Paul Gerhardt und das zarte Gesicht von Tersteegen? Dort hängt Hiller, der schwäbische Liederdichter. Und Johann Sebastian Bach ist auch dabei.

Jetzt betrachte dir auch die Blutzeugen, die im Glauben ihr Leben gelassen haben. All die 117 Männer haben sicherlich im Zeugen und Bekennen gelitten, aber jene Schar der Märtyrer ist doch noch etwas Besonderes. Da siehst du die aufrechte Gestalt von Traugott Hahn, den die Bolschewisten erschossen haben; dort hängen Lutz Steil und Dietrich Bonhoeffer, die durch die Gestapo ermordet wurden. „Ihr Ende schauet an und folget ihrem Glauben nach."

Vielleicht wundert es euch, daß mitten zwischen diesen unvergeßlichen großen Gestalten die Bilder von ganz schlichten Männern hängen. Da hängt neben dem Kirchenfürsten Ihmels das Bild des alten Bruders Bertsch in Weil, der nichts anderes war als ein schlichter Schwarzwaldbauer von kleiner, kümmerlicher Gestalt. Da siehst du neben dem Bild des jungen Bodelschwingh Otto Kolb, der von Beruf Werkmeister war. Und neben Albrecht Dürer grüßt uns jener schlichte Schuhmacher Rahlenbeck aus Herdecke. Ja, ich wundere mich, wie mannigfaltig die Berufe sind. Da siehst du Schulmeister und Kaufleute, Handwerker, Bauern und Arbeiter. Aber sie waren Fürsten Gottes, die vielen zum Segen geworden sind.

Ihr werdet euch nicht wundern, daß zwischendrin die Bilder von den Männern hängen, die in unserer Arbeit an jungen Menschen von Gott entscheidend gesegnet worden sind. Ich grüße euch im Geist, ihr Väter, deren Erbe wir heute tragen dürfen. Eure Bilder tun mir wohl, George Williams und Dürselen, Rothkirch, Krummacher und Volkening, Weigle und Riethmüller, Walter Alfred Siebel, Posaunengeneral Kuhlo und Paul Humburg. Ach, und zwischendrin hängt auch Willi Peters, der mich während der Kampfzeit im Dritten Reich mit einer unendlichen Treue durchs Land gefahren hat, und der aus Rußland nicht zurückgekehrt ist. Und diese Wolke von Zeugen kennt ihr nicht mehr? Die schweigt euch? Wie sind wir drauf und dran, einen unfaßbaren Reichtum zu verlieren! Sind sie euch denn ganz verblaßt, jene kühnen Erweckungsprediger Elias Schrenk und Samuel Keller, George Müller und Hennhöfer? Seht sie euch doch einmal an, den Johann Arndt, den Ludwig und Klaus Harms. Sollen diese Namen bei uns vergessen werden?

3. Wo bleibt da die Einheit?

Ja, da könnte ich mir jetzt gut denken, daß mir einer sagt: Hast du denn gar keine theologische Linie? Man kann sie doch nicht alle bunt gewürfelt nebeneinander hängen, Lutheraner und Reformierte, Pietisten und führende Männer der Kirche, Theologen und Nichttheologen. Doch, das kann man! Nein, noch mehr, das muß man sogar! Ich denke, im Himmel müssen sich alle diese Leute auch vertragen. Da gehören sie auf einmal zusammen. Warum sollten wir uns hier nicht schon an dem Reichtum der Gemeinde Jesu freuen? Mich erquickt es unendlich.

Ja, ich meine, daß das schon jetzt und hier der Reichtum meines Lebens wäre, daß ich von all den mannigfaltigen und so verschiedenartigen Männern gelernt habe. Ich darf es eigentlich hier gar nicht schreiben, ich fürchte, daß ich meinen guten Ruf nun endgültig verliere, wenn ich euch sage, daß hier nahe neben Alfred Christlieb das Bild des Bischofs Galen hängt. Aber ich kann es dem Mann nicht vergessen, daß er in der Zeit, als die Flut der Christusfeindschaft in den vergangenen Jahren durch unser Land ging, ein unerschrockener und wackerer Zeuge war.

4. Diese Bilder sind immer um mich her

Ganz sicher, das sind nur äußere Bilder. Man kann sich an Bilder so gewöhnen, daß man sie schon nicht mehr sieht. Und doch sind mir gerade diese Bilder ein Zeichen für dies verborgene Geheimnis, von dem der Hebräerbrief schreibt. Was auch immer in meinem Zimmer geschieht — diese Bilder sind immer um mich her. Ob ich nun an meiner Predigt arbeite oder Briefe schreibe — die Wolke von Zeugen sieht zu. Ob ich ein stilles Gespräch halte oder für mich allein bin — die obere Schar ist auch dabei. Manchmal hatten wir in diesem Zimmer Sitzungen und mußten sehr gegenwartsnahe und oft alltägliche Dinge besprechen; aber alles, alles steht unter dem Zeichen, daß die Wolke von Zeugen mit zuhört. In diesem Zimmer habe ich aber auch manche einsame und manchmal sehr verzagte Stunden gehabt. Kannst du dir denken, was es dann bedeutet, wenn mein Blick ausruhen darf auf den Bildern der Väter? Sie sind immer um uns her.

5. Und diese Schar redet unentwegt

Und jetzt rede ich vom Schönsten: Diese Bilder sind ja nicht stumm. Das ist doch nicht eine tote Vergangenheit. Immer wenn ich in meinem Zimmer auf und ab gehe und sehe auf dieses und jenes Bild, dann fängt solch eine Gestalt auf einmal an zu reden. Kennst du z. B. das Bild jenes Gründers des ersten CVJM, George Williams? Mit welch klarem und sprechendem Blick sieht einen dieser elegante, feinsinnige Mann an, den sie nach seinem Tode in London in der St.-Pauls-Kathedrale unter den Helden der Nation neben einem Nelson und einem Wellington beerdigt haben. Er hat einmal gesagt: „Wenn ihr ein glückliches, brauchbares und nützliches Leben haben wollt, so gebt eure Herzen Jesus, solange ihr noch jung seid." O, solche Bilder reden!

Da sieht mich der Präses Koch so streng an. Ich kann das nicht vergessen, als in einem wahren Rausch unser ganzes Volk dem

Nationalsozialismus verfiel, daß dieser Mann den einen Satz sprach: „Die Stunde des Bekennens ist gekommen! Und unsere Herzen wurden so froh, weil wir die Siegesmacht Jesu inmitten des übermütigen Trotzes jesusfeindlicher Mächte erfuhren. Dieser Präses Koch stand neben mir, als ich abgesetzt wurde und die Kirche in Witten von SS umstellt und verschlossen war. Damals kamen mir die Tränen, und ich sagte verzweifelt: „Die machen unsere Kirche noch kaputt." Da hat Präses Koch geantwortet: „Nein, Bruder Busch, die Kirche fängt jetzt erst an." Spürst du, wie Bilder reden?

Gleich neben meinem Schreibtisch hängt das Bild von Missionsdirektor Schmidt. Wenn mich sein klares Auge ansieht, dann fährt mir sein Wort jedesmal ins Herz hinein: „Sei ganz Sein oder laß es ganz sein." Sieh doch diese prächtige Gestalt von Walter Alfred Siebel, der als Fabrikant den theologischen Doktor bekam. Als zu Beginn des Dritten Reiches uns jede Tätigkeit außer der Bibelarbeit in der Jugendarbeit verboten wurde, rief er fröhlich: „Die Welt hat ihre Anleihe zurückgenommen. Unser Kapital bleibt. Wir machen weiter!" — Ich habe als kleiner Junge Samuel Keller in Frankfurt in der Paulskirche gehört. Ich habe natürlich alles vergessen, was er damals gesagt hat. Nur eine Sache kann ich nicht vergessen, weil sie damals viel Staub aufwirbelte. Er erzählte, in der Nähe seiner Wohnung sei ein Laden, in dem man ausgestopfte Tiere kaufen könne. Das sähe großartig aus. Man sehe dort einen Adler, der seine Schwingen ausbreitet, oder eine Gemse, die einen Felsen hinaufstürmt, ein Pferd, das seine Nüstern aufbläht — und alles, alles sei tot. Und jeden Morgen käme der Ladendiener und staube ab, daß es wieder recht lebendig aussähe. Das, meinte er, sei ein rechtes Bild so vieler Gemeinden und Vereine. Das war natürlich ein unheimliches Bild und viele, die sich getroffen fühlten, waren empört. Aber ich freue mich, daß das Bild von Samuel Keller mich grüßt und mich erinnert: Herr, laß mich nie ein müder Ladendiener werden, der nur abstaubt! Kennst du das scharf geschliffene und eindrückliche Gesicht des großen Theologen Martin Kähler? Wie hat dieser Mann, der eine ganze Generation prägen durfte, es seinen Studenten eingeprägt, was mir wie ein ständiger Gruß von ihm über die lange Reihe meiner theologischen Bücher hinweg weht: „Führ aus den Gedanken ins Leben hinein, ganz ohne Wanken dein Eigen zu sein." — Und dieser Mann da drüben ist D. Theophil Wurm, der langjährige Landesbischof von Württemberg. Da saßen wir zu der ersten Kirchenversammlung nach dem Krieg in Eisenach zusammen. Denkwürdiger Augenblick, als sich in einem zerrissenen Deutschland die Christen zusammenfanden, um eine Ordnung ihrer Kirche zu suchen. Stellt euch vor, da konnten wir das Abendmahl nicht zusammen halten, weil etliche Lutheraner meinten, das ginge auf keinen Fall, daß sie mit Reformierten am Tisch des Herrn stehen könnten. Ich höre noch, mit welcher glühenden Liebe Bischof Wurm um die Einheit warb: „Das Abendmahl darf uns nicht zertrennen. Am Tisch des Herrn gelten nicht unsere theologischen Meinungen; hier ist unser Herr selbst die Gabe." Das ist die Einheit der Gemeinde Jesu.

O diese Bilder reden! Warum laßt ihr die Väter unter unserer jungen Generation so schweigen? Warum sind wir so verarmt? Nein, ihr solltet euch selber viel mehr mit der Wolke der Zeugen und mit dem Erbe der Väter beschäftigen, ihr würdet viel freudiger im Kampf laufen und viel getroster „aufsehen auf Jesus, den Anfänger und Vollender des Glaubens".

6. O schließ dich an!

Nimm bitte noch einmal einen Augenblick Platz, ehe wir uns in meinem Zimmer verabschieden. Der lange Fries der Bilder wird an einer Stelle unterbrochen. Da hängt ein wunderschöner Wandteppich, den mir einmal eine Darmstädter Diakonisse in den schweren Jahren nach dem Krieg gestickt hat und auf den ich recht stolz bin. Mit viel, viel Liebe steht eindrücklich das Wort auf diesem Wandteppich: „Ich bin der Weinstock, ihr seid die Reben; wer in mir bleibt und ich in ihm, der bringt viele Frucht; denn ohne mich könnt ihr nichts tun." Weißt du, dies Wort ist mir wie eine Auslegung inmitten der langen Reihe dieser Bilder. Jetzt wird es deutlich, wie aus dem einen Weinstock so weit verzweigt die Fülle der Reben hervorgeschossen ist. Und alle haben sie Frucht bringen dürfen.

Und plötzlich spüre ich, daß ich mich bei all meiner Armut und mit all meinen Fehlern in diese Schar mitten hineinstellen darf: Lieber Heiland, du bist ja auch mein Weinstock, und ohne dich kann ich auch nichts tun.

In unserer Familie ist es seit Generationen Sitte, daß bei allen Anlässen, die uns zusammenführen, ein Lied gesungen wird, das Lied: „Himmelan, nur himmelan soll der Wandel gehn." Ob wir Konfirmation feierten oder Taufe, ob es ein fröhliches Hochzeitsfest gab oder eine traurige Beerdigung, ob wir einen schönen Abend zusammen hatten oder einen Spaziergang machten — immer war der Abschluß der, daß wir dies Lied zusammen sangen. In dem Lied heißt ein Vers: „Himmelan wallt neben dir alles Volk des Herrn, trägt im Himmelsvorschmack hier seine Lasten gern. O schließ dich an!" Schon als Junge ging mir dieser Vers immer durch und durch. Ich meinte es geradezu spüren zu können, wie nicht nur neben uns, sondern lange voraus ein Zug wandert von Menschen aus allen Ständen und Berufen, die Jesus mit seinem Blut erkauft und erlöst hat und die darum der Herrlichkeit entgegenwandern. Das bleibt das köstlichste Geheimnis der Gemeinde Jesu. Sie ist nicht eine Tageserscheinung, die schnell kommt und schnell wieder vergehen könnte. Nein, hier bist du in einem langen, langen Zug. Alle waren Lastträger, alle hatten sie ihre Kämpfe, aber alle waren so fröhlich, weil sie einen Heiland gefunden hatten. O Brüder, sagt es doch unseren jungen Burschen, daß es um diese gewaltige Sache geht. Der Zug der Väter ist tapfer vorangegangen. Jetzt sind wir dran. Redet mit der Wolke von Zeugen, damit wir nur ja nicht den Anschluß verpassen!

O schließ dich an!

William Barclay
Auslegung
des Neuen Testaments

Aus dem Englischen übersetzt von Dr. Elfriede Leseberg. Text nach der revidierten Luther-Ausgabe. 17 Bände mit rd. 4 500 Seiten. Format 12 x 19 cm, flex. in Balacron gebunden.

Matthäusevangelium (Band 1), 352 Seiten
Matthäusevangelium (Band 2), 352 Seiten
Markusevangelium, 336 Seiten
Lukasevangelium, 320 Seiten
Johannesevangelium (Band 1), 212 Seiten
Johannesevangelium (Band 2), 336 Seiten
Apostelgeschichte, 220 Seiten
Römerbrief, 232 Seiten
Briefe an die Korinther, 256 Seiten
Briefe an die Galater, Epheser, 196 Seiten
Briefe an die Philipper, Kolosser, Thessalonicher, 236 Seiten
Briefe an Timotheus, Titus und Philemon, 260 Seiten
Jakobusbrief und Petrusbriefe, 332 Seiten
Johannesbriefe, Judasbrief, 196 Seiten
Brief an die Hebräer, 200 Seiten
Offenbarung (Band 1), 192 Seiten
Offenbarung (Band 2), 256 Seiten

William Barclay, **Begriffe des Neuen Testaments,**
240 Seiten, flex. in Balacron gebunden

AUSSAAT VERLAG